JN439079

초록별

초록별

김 경 자 수필집

세종출판사

서문

김경자 수필집 『초록별』 발간에 부쳐

정 영 자

문학평론가. 한국문인협회 고문

김경자 수필가는 부산여성문협의 문예창작아카데미 1기와 2기의 과정을 이수하고 현재 3년차 과정을 공부하는 학구적인 수필가이다. 동의대학교 교육대학원을 졸업하고 현장에서 교사생활을 하였고 지금도 교육과 문화 분야에서 강사로 활발하게 활동하고 있는 재능과 미덕을 갖춘 지성적인 수필가이다.

또한 의리 있고, 변함없는 반듯한 사람으로 나는 그를 좋아한다. 쉽게 온 사람들이 쉽게 떠나갈 때 그는 쉽게 왔지만 주어진 기회에 최선을 다하며 자신의 삶처럼 수필의 진수를 탐익하여 문인으로 물들어 가는 사람 중의 한 사람이다.

고향 예천에서 훌륭한 부모님 곁에서 형제자매와 함께 잘 자란 가정교육이 평소의 생활에서 드러나고 있는 지성과 덕성을 겸비하면서도 수필창작의 올바른 예도를 정확하고 열성적으로 연마하여 좋은 수필을 창작하고 있는 촉망받는 수필가이기도 하다.

그의 글은 이 세상을 살아가는 평범하지만 알토란같고 따뜻하지만 흔들리지 않는 내공을 가진 어머니의 역할을 섬세하고 정확한 문장으로 서술하고 동화같이 감동적인 한 편의 수필에서 아버지를 만나는 화사한 그리움이 담겨 있다.

2009년 『문학도시』로 데뷔하고 첫수필집 『사람도 익어 간다』(2014)를 상재하고 두 번째 수필집 『초록별』(2017)을 발간한다.

김경자 수필가의 수필은 향토성, 서정성, 가족 그리고 자연 친화의 긍정적인 에너지와 잔잔한 사랑이 넘친다. 때문에 누가 읽어도 고개를 끄덕이며 미소 짓게 하는 내용이며 고향 예천을 중심으로 직접 체험하고 살아 온 삶이 현대 도시적 문명 앞에 느끼는 안타까움도 드러나고 있다. 가장 모범적인 시민이요 아내며 어머니임을 보여주는 진정성이 있다. 그의 무기는 바로 진실을 바탕으로 한 자신의 삶을 자전적인 스토리와 함께 펼치는 것이다. 진정성 없이 어떻게 독자의 공감대를 유인할 수 있겠는가.

「초록별」은 자연 친화를 바탕으로 작은 나무에 보내는 작가의 사랑이 넘친다.

가녀린 몸매에 아기 손가락만한 초록색의 타원형 잎을 몇 개씩 달고 있고, 잎사귀 위에는 작은 별모양의 꽃들이 하얗게 피어있다. 이른 저녁, 동쪽하늘에서 부지런히 반짝이는 작은 별을 닮았다. 왠지 그는 야생 풀숲에서 여느 풀과는 다른 색깔과 모양으로 살아가는 것 같았다. 따뜻한 관심과 보살핌으로 키우면 큰 몫을 감당하는 꽃나무가 될 것이라는 믿음이 생겼다. 매일 길을 걸으며 눈을 맞추고 서로 안부를 전하다가 정이 들었다. 잠깐 '우리 집으로 가져가서 화분에 키워 볼까?' 라는 생각이 머릿속을 스칠 때 갑자기 집에 있는 베란다 화초들의 부르짖음이 들리는 듯하다. "주인님의 부지런함은 한계가 있어요. 그냥 보기만 하면 어떨까요?"하면서 반기를 드는 집안의 화초들이 두 귀를 흔들어댄다. 재빨리 내 작은 욕심을 거둬들인다. '그래 자연이 키웠는데 자연과 함께 살아야지' 하면서도 혹시나 산책할 때 스치고 지나가면 못 만날까봐 초록별 주변에 있는 나무 팻말과 작은 갈래 길도 눈여겨 봐 두었다. 또 그의 허리에 작은 빨간 리본을 매달아 주었다.

— 「초록별」에서

생태공원 야생의 풀밭에서 잡초처럼 뽑혀질까봐 꽃삽으로 공원의 꽃나무 정원에 보금자리를 마련한 후 안심하는 작가의 이쁜 마음이 미소 짓게 한다.

김경자 수필가의 정확하고도 세밀한 표현은 정목일 수필가의 서정성과 내밀한 철학을 반추하는 수필작법에 닿아 있다.

먹을거리가 귀하던 때였다. 일곱 남매가 고만고만하게 커갈 때 고구마는 유일한 간식거리였다. 아버지는 긴 겨울동안 갈무리한 고구마를 온상에 심어 싹을 내서 뒷밭에 열이랑 정도 심는다. 고구마 순을 자식처럼 정성으로 심어 놓으면 가족들은 한 이랑씩 맡아서 수확할 때까지 키운다. 연세 많은 할머니 몫까지 아버지는 두 이랑이다. 어머니도 막내 남동생의 이랑까지 살핀다. 노쇠한 할머니와 어린아이는 도와야 할 대상이라는 것을 고구마를 키우면서 알아갔다. 일곱 남매는 시키지 않아도 수시로 뒷밭을 놀이터처럼 드나든다. 흙과 풀이 친구가 되고 풀 뽑는 것이 놀이가 되었다. 어린것들은 놀이로 풀을 뽑고 부모님은 구부린 허리 펴지 않고 연신 호미질로 바쁘다. 구리 빛 얼굴을 타고 흐르는 땀방울을 바람이 달래고 지나간다. 바람에 섞여 온 비릿한 땀 냄새는 아버지를 기억하게 한 최초의 숨소리였다. 자식들의 먹이를 준비하는 부지런한 숨소리 말이다. 먹을거리는 저절로 얻어지는 것이 아니라는 것을 고구마 밭이랑에서 불어오는 바람이 말해준다.

푸른 햇볕과 쏟아지는 빗물을 마시면서 무성한 잎들이 검푸르게 짙어지면 흙 이랑도 배가 불러온다. 마른 땅이 쩍쩍 갈라지고 줄기에 물기가 말라갈 때면 땅속의 고구마가 영글고 있다. 백일간의 낮과 밤은 땅속의 생명을 쉬지 않고 보듬었으리라.

파란 하늘에 고추잠자리가 떼 지어 날던 날, 온 식구가 고구마 밭에 모여 앉았다. '몸에서부터 멀리 땅을 파라, 고구마 몸에 상처 내지 말고 호미질 조심하라'는 아버지의 훈시는 짧게 귓전을 맴돈다. 알토랑 뿌리들이 붉은 빛으로 여물어 내 앞에 나타나길 고대하며 곧장 땅파기에 몰입했다. 서걱거리며 호미가 흙을 걷으면 실핏줄을 몸에 감은 고구마가 고개를 내민다. 뿌리를 당겨 올리자 생김새와 크기가 모두 다른 고구마 가족이 주렁주렁 딸려 나온다. 아기 엉덩이처럼 둥근 것, 아버지 팔뚝처럼 길게 생긴 것, 동생 손가락 같이 작은 것도 있다. 한 곳으로 모으니 이내 붉은 고구마 마을이 되었다. '심은 대로 거둔다.'고 하지 않았던가. 햇볕과 바람, 땀방울의 결실에 고개 숙이며 고구마 동산 앞에 열 명의 가족이 옹기종기 부자 되어 서있다.

―「고구마 익어 갈 때」에서

한편의 영상필름을 보는 것 같다. 가족들이 가꾸어 가는 고구마 밭의 정경과 근면은 물론 어른과 아이를 배려하는 가정교육이 잔잔하게 흐른다. 평화스러운 농촌의 한 가정을 보여주고 있으며 그 표현의 세밀하고도 친근한 향토성이 물신 풍기는 흙을 맡을 수 있다. 그의 이러한 시골의 모습은「빗자루가 필요해」에서 그 극점을 보여주고 있다.

보드라운 갈대 빗자루로 방과 마루를 쓸어내고, 조금거친 수수 빗자루로는 부엌 바닥과 아래채 소죽솥 아궁이를 깨끗이 치웠다. 키가 크고 힘이 센 싸리비는 넓은 마당을 담당했다. 제각기 맡은 분야는 다르지만 자신의 몸을 닳아 없어지게 하면서 제 몸이 지나간 주위를 깨끗하게 한다.

마당에서 가을걷이를 하고 난 후에나 여러가지 곡물들을 널어서 건조하고 난 다음에는 아침, 저녁 가리지 않고 마당을 쓸었다. 싸리나무를 그늘에 말려서 살 좋은 것을 골라 만든 튼실한 싸리비로 마당을 쓸어내면 마음도 상쾌해진다. 커다란 반경을 그리며 마당을 쓱쓱 쓸면 작은 돌멩이나 나뭇잎도 모아지고 쓸어 지면서 널따란 흙 마당에는 예쁜 반원 모양의 그림이 그려진다. 까슬까슬한 모래흙이 보슬보슬한 몸으로 드러누우며 또 다른 햇살과 바람을 기다린다. 낙엽이며 지푸라기들이 한쪽으로 모아 질 때면 이마엔 어느새 더운 땀이 송글송글 맺힌다. 그렇게 모아진 낙엽에 불을 지피고 피어오르는 연기에서 낙엽 타는 냄새는 더 없이 향기로웠다. 시원한 냉수 한 그릇 들이 마시고 남은 물을 마당에 휘익 뿌리면서 다 쓸린 말쑥한 마당을 보면 마음에 햇빛 가득했다.

반원이 켜켜이 그려진 곳에는 방금 내가 걸어온 발자국이 그대로 남아 있다. 살아있는 모습이 그림으로 움직인다. 신비롭다. 종종걸음으로 걸어보고 두발 모아 뛰어본다. 발자국은 그림자보다 더 진하게 나를 닮았다. 넓지도 좁지도 않은 아담한 마당에 식구들의 발자국은 다시 분주하고 작은 개미들은 줄지어 먹이를 찾아 행진한다. 마당 한 모퉁이에 한가로이 앉았던 강아지도 꼬리를 흔들며 바쁘다. 활기찬 공간이었다.

—「빗자루가 필요해」에서

빗자루는 살림도구만 쓰이는 것이 아니다. 생활을 정결하게 하고 액운을 쓸어내고 평안을 모아주는 행운의 물건이기도 하다. 사람의 마음 마당에도 빗자루로 쓸어야 할 쓸모없는 것들이 많이 쌓여 있는 것 같다. 하루를 돌아보는 시간들은 미리 빗자루를 준비해 두는 마음이고, 필요할 때 요긴하게 쓰는 청소도구들이다. 방마다 쌓인 쓰지 않는 오래된 물건들, 마음 구석에 밀쳐놓은 무거운 짐들을 모두 쓸어내고 맑은 햇살 모으고 싶다.

원효대사가 자기를 찾아온 아들 설총에게 가장 먼저 시켰다는 일이 빗자루로 가을 낙엽을 쓸게 하는 일이었다. 낙엽을 쓸면서 욕심과 티끌도 쓸어버리고 비어있는 텅 빈 그곳에는 세상에 밝은 기운을 전파하라는 뜻이 숨어 있었으리라.

—「빗자루가 필요해」에서

이와 같은 묘사의 정확성과 함께 원효대사와 설총의 빗자루로 쓸기와 같은 폭 넓은 사례는 「세상읽기」에서 종이신문에 보내는 향수와 신문을 보며 견문과 비판 그리고 옹호를 배우는 다양성적인 시각으로 확대된다. 현대그룹의 창시자인 정주영 회장이 출신대학에 대한 질문을 받았을 때 "신문대학을 나왔다"라고 한 일화를 예로 들며 신문을 통한 지적인 충족을 논리적인 전개로 글을 쓸 수 있는 내공은 충분한 독서를 통한 힘이며 노력하며 글쓰는 전범을 보여주기에 충분하다.

지적인 바탕으로만 글쓰기엔 논리적인 전개의 딱딱함과 지루함에 빠질 수 있고 서정성만을 무기로 쓰는 여성수필은 지나친 감상주의에 빠질 수 있다. 그러나 김경자 수필가는 이 둘을 적절하게 활용하면서 자신의 생각을 조곤조곤하게 보여주고 있는 것이다. 그리고 고개를 끄덕이는 독자들의 호응을 받고 있는 것이다. 날로 발전하는 김경자 수필가의 수필을 기쁘게 읽는다. 한 번 꼭 읽어주시기를 바란다.

저자의 말

두 번째 수필집 『초록별』을 상재합니다.

낙동강을 따라 화명생태공원을 산책하며 나를 만나고 글을 만났습니다.

뒤척이며 흐르는 강물을 보며 내안의 소요를 씻어내고, 강변에 피어오르는 풀잎처럼 나날이 새로워지기를 바랐습니다. 누에가 실을 풀어내듯이 글이 술술 써지는 것이 아니었습니다. 쓸수록 고뇌는 깊어지고 힘겨운 작업이었습니다. 어제와 오늘의 삶이 씨줄과 날줄로 엮어져 한편의 수필로 만들어 집니다. 서로를 알아가고 소통하며 이웃이 되어가는 이야기와 일상을 놓치지 않고 관찰하며 그 속에서 삶의 의미를 찾아가는 이야기로 수필집을 채웠습니다. 좀 더 생각을 익히고 삶도 익혀서 생명이 긴 글, 건강한 수필쓰기는 계속 이어질 것입니다.

문학의 텃밭이 영글어 가도록 큰 울타리가 되어주시는 정영자 교수님께 감사드리며 두 번째로 탄생한 『초록별』을 세상으로 내보냅니다.

2017년 5월에

김 경 자

차례

초록별

향수

문학의 숲으로

그곳에 가다

초록별

초록별

오늘도 그를 만났다. 낮은 키에 초록 옷을 입은 그는 한들한들 몸을 흔든다. 방긋이 하얀 미소를 지으며 어서 오라고 손짓 한다. 어제보다 생기 있는 얼굴이다. 화명생태공원 풀숲에서, 나와 인연을 맺은 작고 여린 나무다. 이름은 초록별이라고 지어 주었다.

낙동강을 따라 산책하다 보면 강변에는 무수히 많은 야생풀들이 우거져있다. 쇠비름, 개똥 쑥, 나리꽃, 달개비, 갈대 등 이름 모를 작은 나무와 풀들이 자신들을 봐 달라고 갖가지 모양으로 얼굴을 내민다. 한 여름의 열정을 그대로 전달하는 초록무리들은 향기도 싱그럽다. 많은 풀 사이에 유독 눈길을 끄는 초록별을 만났다. 산책할 때마다 초록별은 자세히 보아야만 알 수 있는 몸짓으로 나를 불러 세운다.

나태주 시인이 전하는 글 "자세히 보아야 예쁘다. 오래 보아야 사랑스럽다. 너도 그렇다."를 새록새록 가르쳐주는 그다. 가녀린 몸매에 아기 손가락만한 초록색의 타원형 잎을 몇 개씩 달고 있고, 잎사귀 위에는 작은 별모양의 꽃들이 하얗게 피어있다. 이른 저녁, 동쪽하늘에서 부지런히 반짝이는 작은 별을 닮았다. 왠지 그는 야생 풀숲에서 여느 풀과는 다른 색깔과 모양으로 살아가는 것 같았다. 따뜻한 관심과 보살핌으로 키우면 큰 몫을 감당하는 꽃나무가 될 것이라는 믿음이 생겼다. 매일 길을 걸으며 눈을 맞추고 서로 안부를 전하다가 정이 들었다. 잠깐 '우리 집으로 가져가서 화분에 키워 볼까?' 라는 생각이 머릿속을 스칠 때 갑자기 집에 있는 베란다 화초들의 부르짖음이 들리는 듯하다. "주인님의 부지런함은 한계가 있어요. 그냥 보기만 하면 어떨까요?"하면서 반기를 드는 집안의 화초들이 두 귀를 흔들어댄다. 재빨리 내 작은 욕심을 거둬들인다. '그래 자연이 키웠는데 자연과 함께 살아야지' 하면서도 혹시나 산책할 때 스치고 지나가면 못 만날까봐 초록별 주변에 있는 나무 팻말과 작은 갈래 길도 눈여겨 봐 두었다. 또 그의 허리에 작은 빨간 리본을 매달아 주었다.

초록의 넓은 공원에서 그와의 사랑이 시작된 것이다. 성가시게 관심을 주는데도 초록별을 볼 때 마다 어떻게 할 수 없는 아쉬움은 커져만 갔다.

바람이 몹시 불고 비가 내리던 날 오후, 초록별의 안부가 궁금해서 바삐 생태공원으로 걸었다. 걱정과는 다르게 주위의 풀들에게 몸을 의지하며 다소곳이 서있다. 다행이다. 불현듯 또 다른 염려가 머리를 스친다. 언젠가는 강변의 잡초를 정리하는 아저씨들의 손에 의해 초록별의 생명이 어떻게 될지 걱정이 되었다. 어릴 적 고향집 뒷산에서 색깔이 유난히 선명하고 아름다운 주황색 난초꽃을 발견하고 매일 보러 다녔었다. 어느 날 아버지께서 벌초를 하면서 난초꽃까지 베어버린 아픈 추억이 불쑥 떠오르기 때문이다.

며칠 전 꽃삽을 준비해서 초록별을 야생 풀숲에서 건져내어 생태공원 입구로 이사를 시켰다. 조심조심 구덩이를 파고 검은 흙과 가늘고 긴 잔뿌리를 가지런히 정리해서 꼭꼭 누르고 곧게 세워 새로운 보금자리를 만들어 주었다. 해바라기, 코스모스, 맨드라미, 접시꽃들이 그의 친구들이다. 첫날에는 목을 아래로 축 늘어뜨리며 힘없는 모습이 고향을 그리워하는 것 같아서 몹시 안쓰러웠다. 며칠이 지나자 강가 풀숲이 아닌 공원속의 꽃밭이라는 것을 아는지 주위 꽃들과 제법 잘 어울리고 색깔과 모양이 조화로운 이웃이 되었다.

키 작고 여린 초록별이지만 풀숲에서 보던 잡초와는 사뭇 다르다. 그의 몸짓이 예사롭지 않다. '나도 이름 있는 근사한 꽃'이라며 공원입구에서 반듯한 자세로 산책하는 이웃을 맞이한다. 한 발짝 뒤에서 그를 응시하는 내 마음에 안도감과 함께 뿌듯한 기대감이 솟아난다. 초록별에게 새로운 오늘을 열어주었다. 지켜보고 사랑하며 같이 자랄 것이다.

이렇듯 사람 또한 마찬가지 아닐까. 자세히 보고 오랫동안 응시하면서 키워주고 가꾸어지면 소중한 사람으로 쓰임 받을 것이다. (2014. 8. 21)

세상읽기

새벽 알람이 울리면 현관문을 연다. 인쇄냄새가 정겨운 종이 신문을 가슴에 안고 입 꼬리를 위로 살짝 올린다. 중앙지의 첫 장을 펼치면서 세상이야기를 오감으로 불러들인다. 누워있던 활자들이 하나 둘 일어나며 이곳저곳 일들을 조곤조곤 알려준다. 익숙했던 어제가 새로운 오늘을 만나면서 잠자던 세포들을 흔들어 깨운다.

내 손안에 휴대폰을 몇 번만 누르면 세상의 뉴스를 만날 수 있는 시대인데 굳이 종이신문에 애착이 간다. 종이를 넘길 때의 촉감과 읽는 재미에 중독이 된 것 같다. 좋은 글은 밑줄을 긋고 사회적 이슈가 되는 기사들은 스크랩을 할 수 있어 좋다. 웹페이지에서 느낄 수 없는 현장감과 무게감도 찾을 수 있다. 똑같은 기사라도 종이신문은 읽을거리이고 모니터의 기사는 보는 것으로 한정되고 지극히 찰나적이다. 여러 가지 이유가 많지만 어릴 적 신문을 읽으시던 아버지의 일상이 그대로 전해진 것도 있을 것이다.

시골마을에 우체부가 오는 시간은 정해져 있었다. 아버지는 기다리는 시간을 매우 갑갑해 하시며 우체부가 오는 길에 먼저 나가서 신문을 받아오라고 하셨다. 마을에 신문을 받아보는 집이 몇 되지 않아서 우체부 아저씨가 편지와 함께 신문을 배달했었다. 네모난 낡은 갈색가방을 손잡이에 걸고 자전거페달을 열심히 밟으며 마을로 들어오는 아저씨가 손님처럼 반가웠다. 거리가 먼 꼭대기 집까지 힘든 걸음 하지 않아도 되니 아저씨도 좋아하셨다. 길쭉하게 몇 번 접은 신문은 누런 띠를 두르고 있었다. 종이신문을 보물처럼 안고 잉크냄새를 맡으며 마을에서 집까지 배달을 담당했다. 그때의 잉크냄새는 친근한 향기로 기억 속에 저장 되어있다. 누런 띠에는 집주소와 아버지 이름이 적혀있고 접혀진 신문에는 '○○日報'라고 한자로 쓴 글씨 위에 대한민국 지도가 그려져 있었다. 어린 나이에 신문배달 담당을 하면서 대한민국 지도의 생김새를 알게 되었고, 누런 띠에 적혀진 아버지 한자 이름을 익히면서 내 이름을 한자로 써보는 계기가 되었다. 애써 알려고 하지 않아도 신문을 접하면서 자연스럽게 관심을 가질 수 있었다.

아버지는 오후의 나른한 시간을 시원한 대청마루에서 신문을 읽으시며 보냈다. 신문 읽는 소리는 특이했다. 낭독도 아니면서 그렇다고 노래 가락도 아닌 특유의 반복된 음률로 온 집안의 귀를 결집 시켰다. 한 가지 기사를 다 읽으면 해설과 함께 비판과 옹호를 곁들이며 또 하나의 세상에 흠뻑 빠진 모습이었다. 아버지만이 가질 수 있는 흡족한 모습에 덩달아 기분이 좋았다. 아버지가 읽고 난 신문을 다시 펴 보면 어린 나로서는 도저히 읽을 수 없었다. 세로로 빽빽하게 써진 한자는 그림의 떡이었다. 아버지 흉내를 내며 몇 장을 넘기다 보면 '고바우영감'이라는 네 컷의 만화가 작은 눈동자를 사로잡았다. 어른들의 눈높이로 그려진 만화를 보면서 좋아라고 안도 했었다. 한글로 쓴 글씨가 반가웠기에 이해가 되지 않아도 그림을 보면서 만족 했던 것이다. 매일 '고바우영감'을 기대하며 신문읽기에 재미를 붙인 것 같다.

신문은 읽히는 것만으로 끝이 아니다. 종이라는 쓰임새로도 생활에 도움이 되었다. 누에를 칠 때 잠박에 깔아서 사용을 했고, 화장지가 귀하던 시절에는 변소에서 화장지 역할도 해냈다. 초등학교 시절 서예 시간에는 날짜가 지난 신문지에 붓글씨 연습을 해서 습자지에 옮기곤 했었다.

시대가 변한 지금도 큰일을 해낸다. 옷장에는 철지난 이불 사이로 켜켜이 누워서 눅눅함과 좀 벌레를 예방하고, 신발장에서는 냄새를 빨아먹고 목이긴 부추의 모양을 바로 잡아준다. 명절에 튀김요리를 할 때 바닥에 펼쳐 놓으면 미끄러움을 책임지고 냉장고에 채소를 보관할 때도 한 몫을 한다.

오늘의 종이신문 세상에는 제31회 브라질 리우올림픽이 무르익어가는 기사가 큰제목이다. 각 종목에서 세계1인자의 자리를 내놓는 선수들이 보인다. 올림픽에서는 절대강자도 절대약자도 없는 새로운 기록에 도전하는 젊음이 승리라는 생각이 든다. 문화면에는 영화 '덕혜옹주'이야기가 눈길을 끈다. 비운의 시대를 살다간 조선의 마지막 황녀인 덕혜옹주의 일대기가 영화로 만들어졌다. 광복절과 맞물려 현재를 사는 우리들에게 과거를 생각해 보는 기회가 될 것 같다.

지방신문에는 얼마 전 낙뢰로 파손된 금정산 고당봉 표석을 다시 만드는데 부산시민의 정성이 모아지고 있는 현장이 소개되고 있다. 종이신문의 파급효과를 지면을 통해 다시 한 번 확인한다.

이렇듯 종이신문을 펼치면 세상의 움직임과 숨소리를 들을 수 있다. 여러 매체 중에서도 언어에 충실하면서 세상의 흐름을 전체적으로 읽을 수 있고 한 줄의 시와 한 편의 수필을 발견 할 수도 있다.

현대그룹의 창시자인 故 정주영 회장이 출신대학에 대한 질문을 받았을 때 "신문대학을 나왔다"라고 한 일화가 있다. 신문을 통해서 많은 공부를 했다는 뜻일 것이다. 평면적 정보가 아닌 살아있는 입체적 정보와 지식을 시간에 쫓기지 않고 여유롭게 얻을 수 있고 행간 읽기를 통해 사색의 나래를 펼 수 있다. 신문을 펼치며 오늘의 화두를 생각하고 신문을 접으며 내일의 세상을 예측해 본다. 신문은 나와 세상을 연결해 주는 가치 있는 틀이다. (2016. 8. 17)

다시 꽃이 피면

연초록 생명이 꿈틀거린다. 기다림과 만남 떨림이 시작되는 봄이다. 가을을 이별의 계절이라고 한다면 아름다운 봄은 만남의 계절이다. 꽃과 만나고 풀과 만나고 신비한 자연의 용틀임을 만나러 떠나야 한다.

낙동강을 따라 삼랑진에서 원동을 거쳐 물금에 이르는 우리나라에서 가장 아름다운 철길 옆에 원동 매화마을이 있다. 이곳은 유홍준 교수가 『나의 문화유산 답사기』에서 극찬한 '아름다운 길'이기도 하다. 토곡산 자락 끝으로 흐르는 낙동강을 따라 S자처럼 휘어진 기찻길에는 KTX와 무궁화호, 알록달록 화물열차가 달리는 것을 잠시 볼 수 있다. 유유히 흐르는 푸른 낙동강과 구부러진 철길위에 미끄러지듯 달리는 기차, 그리고 하얗게 방글거리는 매화가 어우러지는 풍경은 볼 때마다 와! 하는 감탄사가 연발 나온다. 몇 시간이 아닌 단 몇 분만 허락되는 조화로운 자연의 신비는 사진 속에서 또 한 번 꽃을 피운다. 철길과 강물은 흔히 볼 수 있는 장면이지만 거기에 하얀 구름꽃 마을의 고고하고 은은한 향기가 짙어 질 때면 꽃을 찾아 향을 따라 사람들이 몰려든다.

'순매원' 매화농장으로 내려가는 길 왼쪽에는 옛 친구를 만난 듯 물레방아가 여전히 반갑다. 물레방아가 돌때마다 빨갛고 하얀 몽우리들이 화들짝 꽃으로 피어오른다. 순매원은 꽃 대궐이다. 꽃들은 재잘거리며 나비를 불러 모은다. 꽃과 나비 사람의 물결이 어우러져 봄의 교향곡이 울려 퍼진다. 몇 년 전까지 점심은 식판을 들고 줄을 서면 매실 맛 반찬과 함께 무료로 먹을 수 있었다. 오늘은 노란 양푼이 그릇에 잔치국수가 이천 원이다. 그래도 이만하면 착한가격이기에 국수 줄이 길게 늘어섰다. 개인이 운영하는 순매원 매화농장에 매화 향과 사람향이 바람타고 내려앉는다.

매화는 창연한 고전미가 있고 가장 동양적인 인상을 주는 꽃으로 많은 사람들의 사랑을 받고 있다. 혹한 추위를 이기고 꽃을 피운다고 하여 불의에 굴하지 않는 선비정신의 표상으로 삼으며 시나 그림의 소재로도 많이 등장한다.

홀로 산창에 기대서니 밤기운이 차가운데
매화나무 가지 끝에 둥근달이 떠 오르네
구태여 부르지 않아도 산들바람 이니
맑은 향기 저절로 뜨락에 가득차네

- 퇴계이황의 <도산달밤에 핀 매화> 전문

지갑 속에 한 장쯤 들어있는 천원 권 지폐에는 퇴계이황과 함께 도산서원의 매화가 예쁘게 피어있다. 퇴계선생은 100여편에 이르는 매화 시를 지을 만큼 매화를 사랑했고, 세상을 떠나던 날 아침에도 "매화분梅花盆에 물을 주라"는 말을 남긴 것으로 유명하다. 매화에 얽힌 한 편의 일화가 있다. 단양군수 시절에 만났던 관기官妓 두향杜香과의 이야기다. 두향은 퇴계선생이 단양군수로 부임할 당시에 퇴계선생의 글과 시를 읽고 그를 사모하던 여인이었다. 그녀는 시時, 서書, 화畵와 거문고에 능했으며 매화를 좋아했다. 서로가 사랑을 나누는 것도 잠시 퇴계선생이 풍기군수로 발령이 나자 9개월간의 사랑은 끝을 맺어야했고 이별의 그때에 두향은 퇴계선생에게 매화를 선물했다. 나이 들어 퇴계는 고향 안동에서 노후를 보내며 생을 마감할 때 매화에 물을 주라는 것은 목숨이 끝날 때 까지도 두향을 잊지 않았다는 것이며 두향을 사랑한 그의 애타는 간절함도 전해진다. 두향이 퇴계선생에게 주었던 매화는 대代를 잇고 이어 안동의 도산서원에 있으며 매화원에는 매화향이 그윽하다. 오래된 매화나무가 퇴계선생의 매화사랑을 말해주고 있다.

매화는 꽃으로 태어나서 화려한 인생을 불사른다. 꽃잎은 떨어져서 다시 푸른 잎 속으로 천천히 걸어 들어가 매실이라는 이름으로 한 번 태어난다. 어떤 존재도 영원이라는 것은 없는 것이다. 변화하지 않는 것은 퇴보되는 것이리라. 매실이라는 열매로 가는 길에 비와 바람을 만나고 시련이 있을 것이다. 햇빛을 받으며 영글어가고 비를 맞으며 커가고 바람을 맞으며 단단해 질 것이다. 한 사람의 사람됨에도 시련 다음에는 꽃의 화려함과 알찬 열매가 맺어지지 않을까. 봄을 알리는 첫 손님 매화는 시작이요 희망이다. 피어날 때를 스스로 알아 꽃 피우고 열매 맺는 매화처럼 그렇게 꽃피워 가득한 열매를 맺고 싶다. (2015. 4. 20)

빗자루가 필요해

베란다 화분에서 꽃잎이 떨어진다. 꽃잎을 일일이 주워서 플라스틱 쓰레기통으로 옮겨 담는다. 여느 때와 같이 건너편에 보이는 마당 있는 집으로 눈을 돌린다. 옥상에는 하늘을 바라보며 왈츠 풍으로 펄럭이는 새하얀 수건들이 자유롭다. 담장 밑에는 알록달록한 화초와 잎 넓은 채소가 푸른 햇살아래 싱그럽다. 하늘과 땅이 주는 선물을 마음껏 마시며 마당에서 비질하는 할머니의 모습이 한층 여유로워 보인다.

편리하고 깨끗하게 살겠다고 아파트 생활을 한지가 삼십년에 이르렀다. 아파트는 마당이 없는 집이다. 해와 달과 별의 이야기가 그리운 곳이다. 비와 바람의 촉감이 더디다. 네모난 유리창을 온전히 열어서 자연을 불러들여도 온몸의 혈관 속으로는 파고들지 않는다. 전기의 힘으로 청소기가 윙윙 시끄럽게 돌아가고 베란다에는 플라스틱 빗자루가 물옷을 걸치고 있다. 내안에 쌓인 복잡함은 어릴 적 만났던 텅 빈 마당으로 달려 나간다. 지저분하고 먼지 쌓인 곳을 시원하게 싹싹 쓸어내던 빗자루를 생각한다.

보드라운 갈대 빗자루로 방과 마루를 쓸어내고, 조금거친 수수 빗자루로는 부엌 바닥과 아래채 소죽솥 아궁이를 깨끗이 치웠다. 키가 크고 힘이 센 싸리비는 넓은 마당을 담당했다. 제각기 맡은 분야는 다르지만 자신의 몸을 닳아 없어지게 하면서 제 몸이 지나간 주위를 깨끗하게 한다.

마당에서 가을걷이를 하고 난 후에나 여러가지 곡물들을 널어서 건조하고 난 다음에는 아침, 저녁 가리지 않고 마당을 쓸었다. 싸리나무를 그늘에 말려서 살 좋은 것을 골라 만든 튼실한 싸리비로 마당을 쓸어내면 마음도 상쾌해진다. 커다란 반경을 그리며 마당을 쓱쓱 쓸면 작은 돌멩이나 나뭇잎도 모아지고 쓸어 지면서 널따란 흙 마당에는 예쁜 반원 모양의 그림이 그려진다. 까슬까슬한 모래흙이 보슬보슬한 몸으로 드러누우며 또 다른 햇살과 바람을 기다린다. 낙엽이며 지푸라기들이 한쪽으로 모아 질때면 이마엔 어느새 더운 땀이 송글송글 맺힌다. 그렇게 모아진 낙엽에 불을 지피고 피어오르는 연기에서 낙엽 타는 냄새는 더없이 향기로웠다. 시원한 냉수 한 그릇 들이 마시고 남은 물을 마당에 휘익 뿌리면서 다 쓸린 말쑥한 마당을 보면 마음에 햇빛 가득했다.

반원이 켜켜이 그려진 곳에는 방금 내가 걸어온 발자국이 그대로 남아 있다. 살아있는 모습이 그림으로 움직인다. 신비롭다. 종종걸음으로 걸어보고 두발 모아 뛰어본다. 발자국은 그림자보다 더 진하게 나를 닮았다. 넓지도 좁지도 않은 아담한 마당에 식구들의 발자국은 다시 분주하고 작은 개미들은 줄지어 먹이를 찾아 행진한다. 마당 한 모퉁이에 한가로이 앉았던 강아지도 꼬리를 흔들며 바쁘다. 활기찬 공간이었다.

햇살 좋은 겨울아침에 일본 교토에 있는 은각사를 찾았다. 사원의 마당을 천천히 들어서자 은빛모래의 장이 열린다. 독특한 모래무늬는 파도가 일렁이며 잔잔히 퍼지는 물결 같기도 하고, 한 줄은 부드럽게 또 한 줄은 거칠게 장단과 조화를 이룬 모래밭으로도 보인다. 마치 바다와 육지를 한 곳으로 옮겨 놓은 듯하다. 모래정원 끝 쪽에는 은모래로 쌓아올린 원뿔모양의 향월대向月臺라는 모래무덤이 시선을 끈다. 밤이 되면 달빛이 모래성에 반사되어 은빛으로 은은하게 빛난다는 향월대 이다. 나무와 돌과 은빛모래가 어울려 이른 아침 사원의 정원은 더없이 오묘하다. 멀리서 보면 시멘트나 석고를 발라놓은 것으로 보일 수 있지만 이것은 모래를 빗자루로 쓸고 다듬어서 만든 예술작품이다. 유명한 예술가의 손을 빌어 하는 것이 아니라 사원을 관리하는 사람들의 빗자루에 의해서 견고해지고 다듬어 지는 것이다. 그날도 청색 옷에 넓은 창이 달린 모자를 쓴 아저씨는 여러 종류의 빗자루를 들고 다니며 전날에 흐트러진 모양들을 가다듬고 있었다. 빗자루가 쓸고 간 거친 자국과 부드러운 선은 오늘이라는 새날을 재탄생 시킨다. 화려하지도 호사스럽지도 않는 무채색의 모래마당에서 빗자루 끝에서 묻어나오는 들숨 날숨이 촉촉하게 정원으로 번진다. 겨울새 한 마리 모래밭 위로 나른다. 자연을 마당으로 불러들여 빗자루의 숨결과 함께 더욱 빛나는 은각사 정원이다.

빗자루는 살림 도구로만 쓰이는 것이 아니다. 생활을 정결하게 하고 액운은 쓸어내고 평안을 모아주는 행운의 물건이기도 하다. 사람의 마음 마당에도 빗자루로 쓸어야 할 쓸모없는 것들이 많이 쌓여 있는 것 같다. 하루를 돌아보는 시간들은 미리 빗자루를 준비해 두는 마음이고, 필요할 때 요긴하게 쓰는 청소 도구들이다. 방마다 쌓인 쓰지 않는 오래된 물건들, 마음 구석에 밀쳐놓은 무거운 짐들을 모두 쓸어내고 맑은 햇살 모으고 싶다.

원효대사가 자기를 찾아온 아들 설총에게 가장 먼저 시켰다는 일이 빗자루로 가을 낙엽을 쓸게 하는 일이었다. 낙엽을 쓸면서 욕심과 티끌도 쓸어버리고 비어있는 텅 빈 그곳에는 세상에 밝은 기운을 전파하라는 뜻이 숨어 있었으리라.

무엇이든 싹싹 빨아들이는 편리한 진공청소기의 전선을 뽑는다. 하늘을 보며 바람을 만났던 오래된 흙 마당 위로 싸리비의 고요와 여유가 같이 흐른다. 어설픈 마음, 혼란한 마음을 말끔하게 쓸어주는 지혜의 빗자루 하나 준비해야겠다. (2016. 7. 20)

니 말 안 해도 알겠제

그를 만나는 날이다. 도로가에는 가로수 잎들이 알록달록 가을 색으로 웃고 있다. 진주에 있는 공군 교육사령부로 막내를 만나러 가는 설레는 마음은 단풍처럼 붉게 탄다. 6주 동안 신병훈련을 받고 수료식을 하는 날이다.

초록색 잔디위에 군복 입은 무리들이 각을 맞추어 일사분란하게 정열하고 있다. 6주전 같은 장소에서 까까머리 사복차림으로 엉거주춤하게 서 있던 날이 어제 같은데 그 사이에 온몸에 군기가 버쩍 들어있다. 똑 같은 옷을 입고 두 주먹을 불끈 쥔 모습이 비슷해서 아들을 알아볼 수가 없다. 정열대 앞으로 가지는 못하고 정지선에서 애써 두리번거리다 보니 제일 앞줄에 키가 큰 군인이 고개를 끄덕끄덕 한다. 멀리서도 부모가 찾고 있는 모습을 빨리 알아본 모양이다. 시선을 고정시켰다. 철없던 막내가 신병 교육생들 맨 앞에 나와서 절도 있는 모습과 우렁찬 목소리로 모범을 보이고 있다. 입대할 때 냉정하려고 다짐했던 그 마음은 무너지고 가슴에서 시작한 뜨거움이 목줄기를 타고 눈물로 쏟아진다. 안쓰러움과 대견함이 범벅이 되어 한동안 훌쩍거렸다.

군대에서 벌어지는 험한 일을 연일 신문지상에서 접하고는 아들을 군에 보내야 하는 부모로서 마음이 편치 않았다. 아들도 이런저런 걱정을 하면서도 용기를 내어서 공군으로 입대를 했다. '2년 동안은 내 아들이 아니고 나라의 아들이니 집 생각은 하지 말고 군에 충성해라.', '혹시나 고약한 선임 병사나 동료가 힘들게 하면 여기는 천국입니다.' 라고 즉시 전화를 하라고 일러 주었다. 아들은 어미 마음을 읽었는지 "걱정하지 마세요. 잠시 수련회 갔다고 생각하면 마음이 편할 겁니다."하면서 막내답지 않는 말로 부모를 안심시킨다. 막내라서 더욱 마음 짠하고 애틋하지만 큰아이를 입대시켜본 경험이 있기에 '남자는 다 하는 거다' 라고 나를 세뇌시키며 마음을 다잡는다.

입대하던 날, 구월의 하늘은 청춘처럼 푸르렀다. 6년 전 큰아이가 입대할 때와는 다르게 군에도 변화가 많다. 먼지 펄펄 나던 연병장은 초록잔디로 변신을 했고 부모가 당부하는 편지를 읽는 시간도 있고 여자 친구가 군 생활 잘하라는 응원의 편지를 읽는 시간도 있다. 여자 친구가 고무신 거꾸로 신지 않을 거라는 서약이 나오자 침울한 연병장은 폭소가 터지기도 한다. 또 아들에게 하고 싶은 말을 하얀 종이에 적어서 종이비행기를 만들어 하늘에 띄워 보내는 시간도 있다. 종이비행기에 적은 사연은 힘든 훈련을 마치고 저녁 휴식시간에 훈련병에게 전달된다고 한다. 함께 따라온 가족과 친지들은 여기 저기 엎드려서 하얀 종이에 하고 싶은 말들을 깨알같이 적느라고 분주하다. 남편의 글도 슬쩍 읽어보니 첫 번째 건강해라. 두 번째 사랑한다. 세 번째...... 해주고 싶은 말들이 구구절절하다. 아이가 보면 집에서 듣던 똑 같은 이야기라며 식상해 할 것 같다. 잠시 장난기가 발동한 나는 빙긋 웃으며 큰 글씨로 하얀 종이를 메꾸어 갔다.

'하늘이 푸르구나! 우리아들 마음처럼! 일수야, 니 말 안 해도 알겠제.'라고 적고 스마일 그림을 그려 넣었다. 하얀 종이 위에 또박또박 쓴 글을 종이비행기로 접어서 하늘로 날렸다.

언젠가 식탁에서 막내에게 들려준 유머가 있다. "어느 동네 슈퍼에 주인아저씨는 앵무새를 키우고 있었다. 그 슈퍼에는 매일 물건을 사러오는 단골 아가씨가 있는데 그녀는 매우 뚱뚱하고 올 때마다 검은 비닐이 터져나가도록 많은 물건을 사가지고 간다. 어느 날 부터 앵무새는 아가씨만 오면 '뚱뚱하다', '뚱뚱하다'라고 입을 벌리며 아가씨 심기를 건드린다. 참다못한 아가씨는 주인아저씨에게 앵무새 때문에 이 가게에 다시 오지 않겠다는 말을 남긴다. 주인아저씨는 가게 매상을 올려주는 단골고객을 노치면 큰 손해이기에 당장 앵무새 교육을 단단히 시키겠노라고 힘주어 말하고 그녀를 달래서 보낸다. 다음날, 아가씨는 출근하듯이 슈퍼로 왔고 주인아저씨는 앵무새에게 교육을 단단히 시켜놓은 상태다. 오늘도 뚱뚱하다는 말을 하면 앵무새는 큰 변고를 당할지도 모른다. 아가씨는 편안한 마음으로 비닐에 이것저것 물건을 가득 담았고 앵무새는 입을 다문 체 그 모습을 지켜보고 있다. 그녀는 흐뭇한 표정으로 계산을 하고 출입문을 향해 나가려는데 앵무새는 입을 벌린다. 뚱뚱한 아가씨를 주시하면서
'니 말 안 해도 알겠제.'

때로는 여러 가지 긴 이야기보다도 짧은 유머 한마디가 가슴을 파고 들 때가 있다. 막내아들은 그날의 유머를 생각하며 하얀 웃음과 함께 엄마의 진짜마음을 알아 차렸을 것이다. 깊어 가는 이 가을에 그 남자를 생각하며 그리움 하나 남긴다. (2014. 11. 11)

기다림 그리고 멈춤

아침햇살이 반갑다. 창문을 열고 깊은 호흡으로 산뜻한 바람을 들이마신다. 볼을 스치는 작은 바람이 청량하다. 상큼한 봄 향이다. 봄을 맞는 설렘으로 따끈한 잎차 한 잔 마주하며 그윽한 향기와 맛에 젖어본다.

입춘 지나고 볕 고요한 날
우전 차 우려낸 찻물이 온통
봄빛으로 가득하다

향과 색을 음미하며 지그시
혀끝에 머금어 궁글려 보는
고운 햇빛 한 잔

쓰고 달고 뒤채이던 상처와
담백하고 구수한 시간을 괴어
오묘한 경지의 맛이 우러나니

바람인지 물결인지
영혼을 휘감아 도는 기운
정情 한 모금 참 따스하다

- 노연화의 <햇빛 차> 전문

혼자 마시는 차는 묵상이다. 손잡이가 없는 작은 찻잔을 두 손으로 받쳐 들고 나를 향한다. 따스한 온기가 목젖을 타고 가슴으로 내려오는 차의 여운이 나를 꼭 보듬는다. 찻잔 속에 잎들이 기지개를 켜면 풀색 찻물은 잠자는 영혼을 흔들어 깨운다. 찻잔의 질감을 손바닥으로 느끼며 차의 고유한 향을 코로 들이마시고 색깔을 천천히 감상하면서 마음의 평온을 찾는다. 촉감과 후각, 시각이 총체적으로 움직인다. 차 한 잔으로 우주와 내가 하나가 된다. 늘 속성으로 차를 만들어 마시던 날이 많던 나에게 새로운 명상의 시간이다.

빠르게 돌아가는 사회변화 속에 일회용 커피와 인스탄트 음식에 길들여진 우리들이다. 시간과 세월이 녹아있는 '또르륵'흘러내리는 차 한 잔에서 나를 알고 너를 알며 우리를 보듬을 수 있는 여유를 건져낸다.

차는 사람간의 담소와 우정, 소통에도 큰 몫을 한다. 조선시대 유학자 추사와 승려 초의의 우정, 그 사이에는 차가 있었다. 추사와 초의는 1786년에 출생한 동갑으로 추사 김정희(金正喜, 1786~1856)는 명문가 출신의 학예계의 존경을 받는 사대부로 복잡한 정계의 붕당정치에 연루되었다. 9여년의 어려운 유배생활을 하면서 추사체秋史體라는 커다란 위업을 이루었고, 초의선사(草衣禪師, 1786~1866)는 조선후기 차茶의 중흥조로 알려졌다. 교학과 선, 계율에 밝았던 승려로 시,서,화詩,書,畵를 두루 통달하였다. 이들은 평생 변치 않는 우정을 나누며 서로가 서로를 드높여 주는 남다른 사이였다.

사회적 신분이 다른 두 사람을 만나게 해준 건 다산이었고, 그 우정을 돈독하게 해준 건 차였다. 1809년 강진 다산초당에서 초의와 추사는 처음 만났다. 초의가 추사와의 우정을 '진취적인 탁마를 서로 채근했던 사람'이라고 표현했으며 둘의 우정은 추사가 제주로 유배간 뒤에도 변함없이 이어졌다.

두 사람의 성품은 매우 다르다. 초의는 온화하고 단아한 수행자이며 추사는 매사 돌직구인 강직한 성품의 소유자다. 추사는 초의에게 수시로 향기로운 차를 요구했으며 초의스님은 손수 빚은 차를 보내 주곤 했다. '그대가 보낸 여섯 량의 차는 나의 메마른 폐를 적실 만 하지만 너무 적습니다. 새 차는 어찌 솔바람 불고 물 좋은 산속에서 홀로 마시면서 멀리 있는 나는 생각도 나지 않으십니까? 아프게 몽둥이 삼십 방을 맞아야 겠구료.'라고 쓴 어리광과 투정이 섞인 편지내용은 오랫동안 후세에 전해지고 있다.

지난해(2014년) 가을, 부산예술회관에서 다산 정약용, 추사 김정희, 초의선사의 이야기를 다룬 <다산. 추사. 초의 찻잔을 마주하다>를 의미 있게 보았다. 고매한 다인들의 차 세계를 시극으로 표현하였고 한 시대를 풍미하며 평생 다인으로 청빈한 삶을 살다간 이들의 이야기가 시대를 넘은 오늘에도 큰 울림으로 다가왔다. 우리의 선대인들께서도 차를 아끼고 차를 통하여 사람과 사람의 정과 사랑을 향기롭게 가꾸어 왔다.

다도茶道라는 말이 있다. 차를 마시는 것은 단순히 목을 축이는 것뿐만 아니라 예를 갖추는 일이기 때문이다. 자연을 통해 얻어진 것을 스스로 다스려 마시는 일은 참으로 고귀한 일이다.

차는 우려 나오는 동안의 기다림과 맑은 차를 대하는 자세, 그리고 차를 마시기 위해서는 순간순간 동작을 멈추어야 한다. 기다림, 맑음, 멈춤을 반복하면서 내안의 나를 만나고 자연을 만나는 것이다. (2015. 3. 16)

귀한 인연

사철나무 줄기에 새잎이 돋았다. 귓불처럼 올라온 연초록 잎사귀가 수줍게 반짝인다. 반갑다. 화명생태공원 산책길에서 키 큰 나무들 사이에 자라는 작은 사철나무를 눈여겨보다가 그와 친하게 되었다. 내 마음 상태에 따라 그는 친구가 되었다가 자식이 되기도 한다. 그 앞에서 몸을 사방으로 쭉쭉 뻗으며 말을 걸기도 하고 잎 사이에 붙은 오물을 걷어내면서 씩씩하게 크라고 주문도 한다.

작은 줄기 따라 나온 새잎이 아들의 연인처럼 예쁘다.

땅바닥이 녹아드는 뜨거운 여름날에 은혜를 만났다. 고른 치아를 드러내며 하얀 웃음으로 첫인사 하던 날, 딸이 없는 나는 기쁨과 설렘으로 밤잠을 놓쳤다. 낯설지 않는 친근한 얼굴이 우리

가족을 만나는 것 같았고 밥그릇을 깨끗이 비워가며 복스럽게 음식을 먹는 모습에 순수함이 묻어있었다. 아들의 나이가 들어가는데 짝이 없어 걱정을 했었다. 회사에 다니면서 주위에 마음에 드는 사람이 있으면 교재를 하라고 일러도 건성으로 대답하곤 하더니 은혜를 만나면서 얼굴에는 함박꽃이 피었다. 은은하고도 달콤한 박하향의 눈빛으로 서로를 아끼는 마음이 진해갈 즈음 양가의 부모를 만나기로 하였다.

조심스러운 만남이다. 상견례라는 단어를 주인이 되어 처음 사용하는 날이다. 내 자신이 진정한 어른이 되었는지 돌아보고 우리 부모님이 상견례 하던 그날도 떠올려 보았다. 격식과 예의를 차리고 부담스러운 말은 피하며 배려하는 마음으로 귀한 만남을 만들자고 마음을 정리했다.

자녀를 보면 부모를 짐작 할 수 있다고 했던가. 사돈될 분은 인격과 덕망이 묻어나는 푸근한 인상이 편안함으로 다가왔다.

"예쁘게 키운 딸이 새 가족이 되어서 기쁘게 생각합니다."

"부족한 점이 많을 겁니다. 예쁘게 봐 주십시오."

자신을 낮추고 상대방을 칭찬하면서 분위기는 처음부터 부드럽게 흘렀다. 결혼할 주인공들이 서로 애틋하게 좋아하고 있기에 두 사람의 성혼을 위해 양쪽부모는 추임새를 넣으며 흥을 돋우기도 하고 때로는 긴장도 한다. 정성으로 키운 딸을 멀리 보내야 하는 안쓰러움은 진한 눈물이 되어 자리를 숙연하게 했다. 나 또한 딸로 태어났고 여자로 살아가고 있기에 아들의 엄마지만 충분히 공감한다. 둘이 의지하며 잘 살아갈 거라고 따뜻하게 손을 잡아주고 싶었다.

바깥사돈 되시는 분은 오늘은 많이 웃으라는 미션을 받고 나왔다며 웃음을 양념으로 첫 만남의 어색함을 화기애애한 분위기로 변화시킨다. 몇 마디의 덕담을 나누다 보니 마치 오래전부터 알고 지내는 이웃처럼 편안해 지기도 했다.

사돈 맺기란 어렵고도 힘든 과정이라고 알고 있었다. 사돈이라는 단어도 내 입에서 쉽게 나올 것 같지 않다. '사돈'하고 머릿속으로 불러본다. 참 오묘한 낱말이다. 귀한 인연을 만나서 고마운 일이고 새로운 가족을 위해 배우고 연습할 일이 많을 것 같다.

사돈査頓이란 '등걸나무에서 머리를 숙이다.'라는 뜻이 있다. 고려 예종 때 여진을 물리친 도원수 윤관과 부원수 오연총은 평생을 돈독한 우애로 지낸 사이였다. 여진정벌 후에 자녀를 서로 결혼까지 시켰고, 자주 만나 술로 서로의 안부를 물으며 회포를 푸는 것을 낙으로 삼았다. 어느 봄날 술이 잘 빚어진 것을 본 윤관은 오연총의 생각에 술동이를 가지고 오연총의 집으로 향했다. 개울을 건너가려는데 오연총도 윤관의 생각에 술을 가지고 개울 저 편에 있는 것이 아닌가? 그런데 간밤의 소낙비로 개울이 불어 건너갈 수 없었다. 이에 윤관이 “서로가 가져온 술을 상대가 가져온 술이라 생각하고 마시자”고 제안 하였다. 둘은 등걸나무[査]에 걸터앉아 서로 머리를 숙이며[頓] “한잔 하시오” 하면 저쪽에서 한잔하고, 이쪽에서 “한잔 하시오”하면 저쪽에서 한잔하며 풍류를 즐겼다. 이후 서로 자녀를 결혼시키는 것을 ‘우리도 사돈(서로 등걸나무에 앉아 머리를 숙인다)해 볼까’했던 것에서 유래되었다고 한다.

이렇게 훈훈한 유래가 있었으니 부담이 한결 가벼워진다. 예의를 지키면서 서로 친구가 되어 주는 것으로 편하게 받아들이면 될 것이다. 자식을 나누기도 하고 보태기도 하는 사이인데 귀한 인연이 아니겠는가. 내 아들을 사위로 내주고 그 집의 딸을 며느리로 데리고 오는 것, 사위를 얻고 며느리를 얻었으니 두 집안 모두 플러스가 된 셈이다. 한 남자와 한 여자가 만나 그들이 원하는 아름다운 색으로 만들어 가는 것을 기도하는 마음으로 지켜보며 기뻐해야겠다.

참으로 시간은 빠르다. 아버지가 왔던 길을 아들이 멀리서 따라 오고 있다. 모자라고 부족한 부분은 메꾸어 가며 서로에게 디

딤돌이 되어 주리라고 믿는다. 작은 사철나무가 하늘을 향하여 새잎을 하나씩 만들어 내듯 그들의 삶이 싱싱하고 푸르게 펼쳐지길 바란다. (2016. 10. 19)

금반지 연가

금은 인간이 선호하는 귀중품이다. 예나 지금이나 가치가 큰 만큼 누구나 소유하고 싶은 욕망이 있다. 사물의 가치를 비교하는 기준이 되기도 하여 '계란이 금값이다. 배추가 금 배추다. 금쪽같은 자식이다.'라는 말들이 금이 지닌 가치를 대변해 준다. 특별한 날을 기념하는 행사에서는 금으로 만든 행운의 열쇠, 행운의 거북 등을 선물하기도 한다. 정유년 닭띠 해에 어느 대형 백화점에서는 50돈 황금달걀을 경품으로 내놓기도 했다. 부진한 매출을 올리기 위한 백화점의 마케팅 전략에 고객의 눈길과 발길이 모아질지 관심사다. 금은 아기의 돌 반지나 결혼 예물로도 빠지지 않는데 변하지 않는 영원함과 복을 기원하는 뜻이 담겨 있을 것이다.

삼십년 가족사와 함께한 조그맣고 빨간 복주머니가 있다. 그 속에는 결혼 예물로 받은 금반지와 금목걸이, 두 아들의 돌 반지, 시어머니 회갑 선물로 드렸다가 최근에 돌려받은 금팔찌도 들어 있다. 오랫동안 어둡고 침침한 장롱 속에서 묵묵히 세월을 견뎌온 복주머니다. 주머니를 열었다. 좁은 공간에 옹기종기 모여 있는 노란빛 작은 웃음들이 나의 첫 마음을 건드린다.

결혼식을 앞두고 시어머니를 따라서 보석을 판매하는 '황금당'으로 향했다. 유리진열대 아래에는 반짝이는 보석들이 즐비한데 내 마음은 편하지 않았다. 몸에 무엇을 달고 다니는 것에 관심이 없고 시어머니도 불편해서 눈에 들어오는 것이 없었다. 금은방 주인은 이것저것 보여주며 선택을 재촉하였다. 결혼을 하기 위한 통과 의례라면 '그냥 금덩어리 하나 주세요.' 라고 말하고 싶었다. 시어머니 속주머니 사정까지 생각을 하며 어머니께 선택권을 맡겼다. 마음이 편했다. 그 당시도 '요새(요즘) 여자'가 있었는지 금은방 주인은 '요새 여자' 답지 않다고 하면서 착한 며느리 얻었다고 시어머니께 과한 점수를 매겼다. 예물로 받은 반지들과 목걸이는 면사포를 벗은 며칠 뒤 장롱 깊숙한 곳으로 자리를 이동했다. 기약 없는 세월을 원석原石으로 누워있던 때처럼 어두운 곳에서 칩거해야 하니 주인 잘못 만난 그 일생이 가히 기구하다 하겠다.

어떤 여성들은 약지와 가운데 손가락의 허전함이 밀려오면 반지의 유혹에 흔들린다고도 한다. 갖은 사연을 품고 피어난 원형의 굴레가 화사한 매력으로 여성의 눈과 입을 활짝 열수도 있겠다. 20대 꽃다웠던 시절이나 중년의 길을 걷는 지금도 손가락이나 손목은 링의 굴레에 구속당하지 않고 자유롭다.

금목걸이를 집어 들자 두 아들의 돌 반지가 오롱조롱 매달려 있다. 집에서 돌잔치를 준비하며 손님을 모셨다. 건강하고 복되게 크라고 지인과 친척들이 작은 손가락 마다 끼워준 반지들이다. 아기 돌 반지로 엄마의 반지나 팔찌를 만들어서 하고 다니면 좋은 일이 생긴다는 이웃들이 많았다. 그래서 돌 반지로 자신의 장신구를 만들어서 몸에 지니고 다닌다며 자랑하는 이도 있었다. 이 말에는 수고한 엄마의 보상심리가 들어 있을 것 같다. 조그만 반지라고 하찮게 보면 오산이다. 돌 반지에는 좌충우돌 초보 엄마의 풋 냄새와 열두 달 아기의 세상이야기가 들어있다. 간직해야 할 보물이 아니겠는가. 이 보물에 꽃을 피워 향기를 더해야 할 것이다.

얼마 전 새 가족으로 맞이할 며느리에게 가족의 향기를 전할 예물을 생각했다. 가지고 있던 금붙이들을 펼쳐 보았던 것이다. 결혼 예물로 받았던 반지와 목걸이, 큰아들 돌 반지, 시어머니께 돌려받은 팔찌를 모으니 두 손 가득했다. 잠시 부자가 되었다. 황금은 변하지 않고 그대로인데 세월 앞에 내 모습이 많이 바뀌었다. 며느리로 살아 왔던 내가 시어머니 준비를 하고 있다. 시어머니 입장이 되어보니 며느리가 예쁜데 며느리였을 때는 시어머니가 불편하고 힘들었던 때가 있었다. 아들 키우는 여자라면 누구나 며느리가 되었다가 시어머니가 된다. 역지사지 공부가 필요하겠다.

황금을 녹이고 갈아서 안사돈의 손목에 맞는 금팔찌를 해드렸다. 상견례 하던 날 안사돈의 진한 눈물을 보았다. 예쁜 딸을 곱게 키워서 멀리 보내야만 하는 친정어머니의 속정을 읽었던 것이다. 커다란 원안에서 우리는 함께한다는 의미를 전하고 싶어 간직했던 금붙이를 나누기로 했다. 자식을 끈으로, 귀한 인연이 되었으니 또 하나의 가족이다. 며느리에게는 아들의 냄새가 묻어있는 돌 반지를 녹여서 보석 중에 제일 단단하다는 다이아를 예물로 전했다. 단단한 빛으로 사랑하며 살아가라는 뜻을 담았다.

어리석은 부자가 커다란 금덩어리를 땅속에 묻어두고 꺼내보기만 하다가 하인이 훔쳐가서 울분했는데, 지혜로운 이웃의 이야기를 듣고 구덩이에 돌을 묻고는 금덩어리라고 생각하고 매일 들여다 보았다는 이솝우화가 있다. 어두운 땅 속에 갇혀있는 금덩어리는 더 이상 보물이 아니다. 보물도 제 역할을 할 때 가치가 있는 것이리라. 깊은 장롱 속에서 가족의 이야기를 담고 잠자던 금붙이가 세상 밖으로 나왔다. 새사람에게 가족의 향이 전해지며 새로운 내일이 초록으로 피어 날 것이다. 빨간 복주머니 속은 텅 비어 있고 내 두 손은 허전하지만 비우면서 채워가는 세상살이를 또 배운다. (2017. 1. 11)

덕해德海 원장님

그는 연륜에 비해 유난히 눈망울이 맑고 초롱초롱한 분이다.

"사랑하는 사람이기보다는 진정한 친구이고 싶다
다정한 친구이기 보다는 진실이고 싶다.
<중략>
내가 새라면 너에게 하늘을 주고
내가 꽃이라면 너에게 향기를 주겠지만
나는 인간이기에 너에게 사랑을 준다."

- 이해인의 <너에게 띄우는 글>에서

2008년 여름, 이해인 님의 시 <너에게 띄우는 글>를 낭송했었다. 그분은 이 시가 무척 마음에 든다고 하셨다. 손 글씨로 또박

또박 정성들여서 시를 쓴 하얀 종이를 조심스럽게 건네 드렸다. 그때부터 지금까지 인연은 이어지고 있다. 시의 내용처럼 언제나 어디서나 사랑의 씨앗을 뿌리고 사람의 마음을 보듬어 주는 백합 향을 가진 분이다.

문학동아리 활동을 오랫동안 같이 해오면서 다방면에 배워야 할 일을 그분을 통해서 많이 얻고 배웠다. 손아래 동료에게는 사랑으로 다독거리고 손 위 어른께는 깍듯이 예의를 다하는 기본 예절로, 본인에게는 엄격함으로 자신을 다스리는 것 같다.

몇 해 전 대마도 문학기행 중에 해변의 고운 모래를 밟으며 밤바다를 함께 바라보았다. 까만 하늘에 반짝이는 별을 보고 "야! 아름답다. 초롱초롱한 별빛이 아기 눈망울 같다."라고 하면서 어린아이 같이 감탄하는 모습은 세월이 흘러도 어제 일처럼 새록새록하다. 물소리, 바람소리, 파도소리도 그냥 지나치지 않는다. '아! 감미롭다. 곱다. 아! 시원하다'하며 자연의 소리에 잔잔한 감성으로 화답한다. 말은 곧 시가 되고 노래가 되어 몸짓으로 하나가 된다. '밤배', '친구', '메기의 추억'등 가곡과 가요를 넘나들며 여고시절로 돌아가 꾀꼬리 합창단이 되었다.

가을이 되면 붉게 타는 단풍이 못내 아쉬워 산과 들을 찾았다. 그날의 추억을 카메라 렌즈에 옮겨 담으며 하하 호호 즐거워했다. 동인들끼리 서로 옷을 바꿔 입으면서 연예인 못지 않는 포즈를 취할 때면 그분은 여벌의 옷을 준비한다. '이 사람에게는 이 옷이 어울리겠다. 저 사람에게는 저 스카프가 어울리겠다.' 하면서 어린 동료들이 사진 찍는데 새로움과 여유까지 제공한다. 가을 여행을 하면서 찍은 사진을 펼쳐보면 그분의 의상이 반쯤은 차지한다.

그분이 외국여행을 다녀 올 때마다 동인들은 가슴이 설렌다. 수업을 마치면 선물 보따리가 책상위에 펼쳐지기 때문이다. 손가락에 수놓을 반지, 손목을 즐겁게 해주는 팔찌, 목선을 돋보이게 하는 목걸이 등 재미나는 악세서리가 기다리고 있다. 선물을 받을 사람도 즐거워 하지만 선물을 준비한 그분의 모습이 더 흥분되어있다. 반짝이는 눈빛으로 본인들에게 맞는 선물을 고르는 모습이 그렇게 예뻐 보인다고 한다. 나누고 베푸는 것을 즐겁게 생각하는 사람이다. 여러 종류의 모양과 빛깔의 악세서리는 각자 주인을 기가 막히게 잘 찾아 간다. 악세서리 선물은 본인의 개성에 맞게 알아서 척척 멋을 보태주니 여자들은 어떤 선물보다도 반길 것이다. 가족과 친척 지인들이 많을 텐데 문학동아리까지 챙겨주시는 그의 넓고 깊은 마음에 늘 감사가 따른다.

마음은 있어도 실천을 못하는 사람이 있고 가진 것은 있어도 도무지 나누지 못하는 사람도 있다. 허해옥 원장님을 생각하면서 고사성어 '격산덕해格山德海'를 떠올려 본다. '인격은 산처럼 높고 덕은 바다처럼 넓게'. 사랑도 나눔도 바다처럼 넓게 베풀고 공유하는 '덕해德海'가 허해옥 원장님의 마음 밭으로 떠오른다. 새해 첫 달에는 허해옥 원장님의 환한 웃음을 보고 싶다. 그의 향기가 묻어있는 핑크빛 스카프를 두르고 가벼운 걸음으로 그를 만나러 가야겠다. (2015. 1. 13)

그 열매

작은 별을 닮은 노란 꽃들이 한들거린다. 초록색 잎 사이로 하얀 솜털을 달고 있는 작은 얼굴들이 반갑다. 늦게 나타난 꽃들이 신기하고 고마워서 손으로 조심스럽게 쓰다듬어본다. 손끝에 묻어나는 독특한 향을 음미하며 탱글탱글 매달릴 빨간 방울토마토 생각에 입 꼬리가 하늘로 향한다. 빨간 구슬처럼 예쁜 방울토마토는 송이송이 꽃들로 피어나서 시간 속에 밝은 미래를 예약하고 있다.

서양속담에 '토마토가 빨갛게 익어 가면 의사얼굴이 파랗게 질려간다'라는 말이 있다. 의사가 할 일을 토마토가 대신해주니 밥벌이가 안 되어서 의사얼굴이 파랗게 질린다는 코믹한 이야기다. 이렇게 몸에 좋다는 것을 어릴 적에는 먹지 않았다. 야릇한 냄새 때문인지 조금만 베어 물어도 머리가 아파왔다. 몸에 이利한 것이니 먹어 놓으면 좋다는 할머니 권유도 먼 나라 이야기로 들렸다.

결혼을 하고 아이를 키우면서 식성이 조금씩 변해갔다. 아니 편식하는 부모 밑에서 자라는 아이의 식성을 걱정하면서 스스로 바뀌려고 노력했다. 그럼에도 토마토를 먹는 대는 익숙하지 않았다. 커다란 토마토에서 질펀하게 나오는 즙이 내 입맛에 맞지 않다고 생각하고 있을 때 조그맣고 오동통한 방울토마토를 만나게 되었다. 한 입에 쏙 넣을 수 있어서 즙도 흐르지 않는 예쁜 방울은 우리 집 식탁에 단골 메뉴로 등장했다. 굳이 '몸에 좋은 음식이니 많이 먹어라'라고 말하지 않아도 색깔 좋고 모양 좋고 먹기 간편한 방울토마토를 아이들이 좋아했다. 채소로 쓰이고 과일로도 한몫하며 음식 재료로도 애용하는 다채로운 팔방미인이다.

오월(2016)에 막내아들 군대 면회를 갔었다. 아들은 네모난 작은 봉투를 내밀며 베란다 화분에 씨앗을 심으라고 했다. 방울토마토 씨앗이었다. 방울토마토가 익을 쯤에는 본인이 제대를 한다는 것이다. 씨를 뿌려 본적도 식물을 키워 본적도 없는 나에게 큰 숙제를 내 준 것이다.

군인 아들의 부탁인데 거절을 못하고 얼른 받아 들었다. 더구나 토마토가 익어갈 때 제대를 한다니 열심히 키워야 된다. 커다란 화분을 두 개 준비해서 거름흙을 고르게 펴가며 씨를 뿌렸다. 아들을 생각하며 며칠을 화분 곁으로 드나들어도 기다리는 싹은 꿈쩍도 하지 않았다. 조바심이 지쳐서 무관심으로 변해가는 날에 연두색 가녀린 새싹들이 화분 곳곳에서 고개를 내밀었다. 그로부터 하루가 다르게 새싹들은 쑥쑥 자라 가라앉은 일상의 정신을 화들짝 깨웠다. 어제 본 잎은 오늘 더욱 푸르고 튼실한 새잎 식구가 늘어나기 때문이었다. 생명력 넘치는 식물과 나날이 새로운 만남을 하면서 마음의 뜰에도 맑은 기운이 자리 잡았다. 식물은 주인의 발자국 소리를 듣고 자란다고 했던가. 매일 아침이면 식구들 밥 챙기기 전에 새싹들부터 둘러보고 물 한 바가지로 목을 축여 주며 '아이코 예쁘다. 고맙다. 무럭무럭 자라다오.'라고 말을 건네며 인사한다. 아침인사를 하고나면 잎들도 생글거리며 반짝인다. 주인 말을 알아듣는 것 같다. 자식을 키우듯 농사를 짓는다는 농부들의 애틋함을 작은 싹을 키워가며 온몸으로 느낀다.

늦어도 팔월에는 꽃이 피어야 구월에 열매를 맺을 것인데 방울토마토는 또 애를 태운다. 키가 부쩍 자라서 지지대를 받쳐주고 흙에 영양제를 뿌리기도 했는데 꽃 소식이 없다. 추석이 지나면 아들은 제대를 한다. 아들을 반겨야할 엄마의 마음은 애가 타는데 화분에 무성하게 잎을 달고 서있는 토마토 줄기는 태연하다. 토마토가 익어갈 때 제대를 한다던 아들은 꽃이 피기도 전에 국방의 의무를 다했고, 빨간 열매대신 무성하게 자란 푸른 잎들이 그를 맞이했다. 아들이 돌아오고 며칠 후 그제야 약속이라도 한 듯 푸른 잎 사이로 노란 꽃들이 송이송이 피어올랐다. 꽃은 피기시작 하고 오래지 않아 곧 시들어 버렸다. 식물에게 있어 가장 아름다운 순간이 꽃을 피우고 있을 때인데 시든 꽃 위로 콩알보다 작은 아기 토마토가 달려있다. 꽃이 진 자리에 열매가 맺힌 것이다. 가장 화려한 때를 무심결에 보내고 꽃은 자신을 자랑하기보다 열매를 맺게 해서 다음생명의 씨앗을 품고 있다.

알록달록 물들어가는 시월의 멋진 날에 베란다에는 여름과일인 방울토마토가 빨갛게 익어간다. 잘 익어 성숙한 기쁨을 나누어 주고 싶어 올망졸망 매달려 있다. 열린 창으로 바람이 불어오면 작은 토마토들은 빨간 방울소리로 잘랑거릴 것이다.

조바심을 가지고 뿌린 작은 씨앗이 빨갛게 열매를 맺었다. 막내아이를 키우면서 첫돌이 지나도 발자국을 옮기지 않는다고 걱정했고, 취업한 큰아들에게 직장에 빨리 적응하라고 채근했던 지난날이 철지나 익어가는 토마토처럼 빨개진다. 저마다 다른 상황을 똑같은 시선에서 재촉하면 안 될 일이다. 사람이든 식물이든 시간을 먹고 자란다. 기다려야 할 것이다. (2016. 11. 09)

향수

고구마 익어갈 때

발걸음을 멈춘다. 마트 고구마진열대 작은 솥에서 고구마 익는 냄새가 솔솔 피어오른다. 투명한 유리 뚜껑 속에는 진보라색 고구마가 근육질 몸매로 서로를 보듬고 있다. 숨구멍으로 하얗게 피어오르던 김이 숨을 죽이자 탄탄한 근육질은 노란 속살을 드러내며 세로로 조용히 터진다. 달달하게 퍼지는 냄새는 더욱 진하게 후각을 자극한다. 익숙한 냄새는 향기가 되어 지나간 시간을 되돌려 놓는다.

먹을거리가 귀하던 때였다. 일곱 남매가 고만고만하게 커갈 때 고구마는 유일한 간식거리였다. 아버지는 긴 겨울동안 갈무리한 고구마를 온상에 심어 싹을 내서 뒷밭에 열이랑 정도 심는다. 고구마 순을 자식처럼 정성으로 심어 놓으면 가족들은 한 이랑씩 맡아서 수확할 때까지 키운다. 연세 많은 할머니 몫까지 아버지는 두 이랑이다. 어머니도 막내 남동생의 이랑까지 살핀다. 노쇠한 할머니와 어린아이는 도와야 할 대상이라는 것을 고구마를 키우면서 알아갔다. 일곱 남매는 시키지 않아도 수시로 뒷밭을 놀이터처럼 드나든다. 흙과 풀이 친구가 되고 풀 뽑는 것이 놀이가 되었다. 어린것들은 놀이로 풀을 뽑고 부모님은 구부린 허리 펴지 않고 연신 호미질로 바쁘다. 구리 빛 얼굴을 타고 흐르는 땀방울을 바람이 달래고 지나간다. 바람에 섞여 온 비릿한 땀 냄새는 아버지를 기억하게 한 최초의 숨소리였다. 자식들의 먹이를 준비하는 부지런한 숨소리 말이다. 먹을거리는 저절로 얻어지는 것이 아니라는 것을 고구마 밭이랑에서 불어오는 바람이 말해준다.

푸른 햇볕과 쏟아지는 빗물을 마시면서 무성한 잎들이 검푸르게 짙어지면 흙 이랑도 배가 불러온다. 마른 땅이 쩍쩍 갈라지고 줄기에 물기가 말라갈 때면 땅속의 고구마가 영글고 있다. 백일간의 낮과 밤은 땅속의 생명을 쉬지 않고 보듬었으리라.

파란 하늘에 고추잠자리가 떼 지어 날던 날, 온 식구가 고구마 밭에 모여 앉았다. '몸에서부터 멀리 땅을 파라, 고구마 몸에 상처 내지 말고 호미질 조심하라'는 아버지의 훈시는 짧게 귓전을 맴돈다. 알토랑 뿌리들이 붉은 빛으로 여물어 내 앞에 나타나길 고대하며 곧장 땅파기에 몰입했다. 서걱거리며 호미가 흙을 걷으면 실핏줄을 몸에 감은 고구마가 고개를 내민다. 뿌리를 당겨 올리자 생김새와 크기가 모두 다른 고구마 가족이 주렁주렁 딸려 나온다. 아기 엉덩이처럼 둥근 것, 아버지 팔뚝처럼 길게 생긴 것, 동생 손가락 같이 작은 것도 있다. 한 곳으로 모으니 이내 붉은 고구마 마을이 되었다. '심은 대로 거둔다.'고 하지 않았던가. 햇볕과 바람, 땀방울의 결실에 고개 숙이며 고구마 동산 앞에 열 명의 가족이 옹기종기 부자 되어 서있다.

먼저 단단하고 튼실한 것을 가려낸다. 내년에 새싹으로 태어날 고구마를 미리 준비하는 것이다. 먹음직하게 잘 여문 것도 따로 챙겨 놓는다. 아랫마을 붙들이네 겨울 간식을 챙겨야 되기 때문이다. 붙들이네는 농촌에 살면서도 작은 밭떼기 하나 없다. 농사철에 이집 저집 품을 팔면서 부부와 일곱 살 붙들이가 살아간다. 위로 언니, 오빠가 연이어 이름 모를 병으로 세상을 떠나자 동생은 붙들어야 한다고 붙들이라고 이름 지었다. 붙들이 엄마가 우리 집 논·밭일을 도울 때면 언제나 엄마를 따라 와서 동생들과 잘 어울리며 노는 아이다. 나이에 비해 큰 얼굴에 입 주위에는 하얀 버짐이 몇 개씩 피어있지만 개구쟁이 노릇은 동네에서 제일이다. 어른들의 노래를 구성지게 잘 부르며 춤 장단도 일품이다. 붙들이 아버지가 하루 일을 마치고 막걸리와 함께 노랫가락을 풀어내면 아이는 그것을 놓치지 않고 온몸에 퍼 담았으리

라. 가난을 속속들이 체험한 아버지의 아픔이 무엇인지 몰라도 몸짓으로 흥얼거리며 아버지의 애환을 풀어냈을 것이다.

갓 캐낸 고구마를 머리에 이고 붙들이네 집으로 향했다. 그날도 마루방에서는 걸쭉한 노래 소리가 흔들리며 새어나왔다. "짜증을 내어서 무엇 하나/ 한숨을 쉬어서 무엇 하나/ 인생 일장춘몽 인데/ 아니 놀지는 못하리라." 붙들이 아버지의 인생노래는 마루를 통해 부엌으로 흘러나오고 아버지 무릎에 앉아서 고개를 끄덕이는 붙들이는 마냥 즐겁다. 길게 내린 햇살이 부뚜막을 차지한 붉은 고구마를 환하게 비춘다. 나누어 먹는다는 즐거움은 무거운 고구마를 머리에 이고 아랫마을을 한 바퀴 돌아와도 오랫동안 내안에 머문다.

나누고 보태는 일이 끝나면 커다란 가마솥에 고구마를 삶아낸다. 작은 알은 긴 겨울 주전부리용으로 지붕위에 말리고 따끈한 온기 앞에 온 식구가 둘러앉아 꿀 맛 같은 고구마로 출출한 뱃속을 달랜다. 자식 입에 먹을 것 들어가는 것과 내 논에 물 들어가는 게 제일 보기 좋다고 하시는 아버지 얼굴에는 풍년이 들었다. 저마다 다른 색깔로 커가는 다섯 딸들은 남은 고구마를 집안 구석구석 숨기고 제할 일을 찾아 나선다. 늦은 밤 이부자리를 펼치면 방바닥에 고구마가 데굴데굴 굴러 나온다. 보물처럼 꼭꼭 숨긴 고구마가 이불 속에서 계속 굴러나오자 어머니는 참고 있던 웃음을 터트린다. "하루 종일 고구마와 살았는데 또 고구마! 참말로, 고구마 총각한테 시집을 보내든지 해야지."하면서 큰언니의 등짝을 쓸어내린다. 고구마총각에게 시집보낸다고 해도 언니는 대꾸대신 분홍빛 웃음을 날려 보낸다. 그렇다. 언니의 웃음 속에는 고구마의 달콤함과 다섯 자매의 알록달록한 이야기가 들어있을 것이다.

어렵던 시절에 허기를 달랬던 구황작물이 지금은 일등 건강식품으로 귀한 대접을 받는다. 가스 불 위에서 고구마가 익어가고 있다. 계절에 관계없이 고구마를 굽고 찌고 삶는다. 울퉁불퉁 길쭉길쭉 모양은 달라도 달달한 향기는 친근하고 편안하다. 입으로 먹고 눈으로 먹고 향으로 즐기며 어릴 적 추억을 캐낸다. 고구마 익어갈 때 고향의 그날도 익어간다. (2016. 6. 15)

물동이 부대

친정에 가는 길이다. 고향으로 향하는 마음은 언제나 설렌다. 부푼 마음을 받아주는 마을은 이제 노쇠한 빈집들로 조용하다. 마을길을 한참 올라가야만 언덕 꼭대기에 우리 집이 나온다. 좁은 골목길은 자동차가 거뜬히 달리는 차도로 변신했는데 사람의 인기척은 찾을 수 없다. 집을 오르기 전 왼쪽 나지막한 집 옆 공터에 이웃이 함께 마셨던 공동우물이 있었는데 보이지 않는다. 그 자리에는 갈색 황소들이 네모난 창고를 지키고 있다. 유년시절에 보았던 누렇고 유순한 모습의 소를 찾아보려고 한 마리, 또 한 마리 눈도장을 찍어봤다. 모두 애매한 표정으로 낯선 이방인 쳐다보듯 큰 눈알만 껌벅 거리고 있다. 사람냄새가 풍겨야할 자리에 소똥냄새가 진동을 한다.

의성김씨 집성촌인 우리 마을에는 우물이 다섯 개가 있었다. 우물을 같이 먹는 집들을 중심으로 윗마을, 아랫마을, 남쪽마을, 헌 골목, 새 골목 등으로 이름을 나누어 불렀다. 각 우물마다 특징이 있다. 윗마을 우물은 결이 세고 몹시 차다. 여름에는 금방 퍼 올린 냉수 한 그릇이면 없던 기운도 불쑥 솟아오른다. 남쪽 우물은 결이 부드러워서 미역을 씻을 때는 길이 멀어도 그곳을 찾는다. 아랫마을은 논 가까이 있는데 겨울에 따뜻하고 매끄러워서 목욕물로도 사용하며 인기가 있는 우물이다. 같은 우물을 먹고 마시는 이웃은 더욱 가깝게 지냈다. 물을 함께 나누어 먹으면서 정을 쌓아갔던 것이다. 우물가는 어머니들이 나물을 씻고 물을 기르며 일상의 이야기를 풀어내는 여성 전용 소통의 장소이기도 했다. 남성 금지구역인 이곳에도 일 년에 한 두 번은 꼭 남성들을 필요로 한다. 깊은 샘에 들어가 물을 모두 퍼내고 깨끗이 청소하고 소독하는 날이다. 다음날까지 우물에 덮개를 씌우고 좋은 물 신성한 물을 달라는 기원을 드리면 공동체의 생명수는 새롭게 탄생 된다.

윗마을 중앙에는 큰 바위가 몇 개 박혀있다. 그 바위 주위에는 아이들이 모이는 장소다. 친구와 놀고 싶을 때 바위 앞에만 가면 술래잡기, 땅따기놀이, 깡통차기놀이로 언제나 시끌벅적하다. 열심히 놀이 삼매경에 빠지는 것도 잠시 초등학교 고학년이 되면 저녁준비 하는 시간에 또래들은 집에서 찾는 어머니 목소리에 귀를 쫑긋 세워야 한다. 자신을 부르는 소리가 들리면 노는 것 뿌리치고 잽싸게 집으로 달린다. 어둠이 내리기 전에 물동이로 물을 이고 날라야 되기 때문이다. 부뚜막 가장자리에 항아리를 묻어둔 곳이 물두멍인데 그곳에 물을 채워 넣어야 한다. 물두멍이 비어있으면 안 된다. 물로서 몸도 마음도 깨끗해지고 물두멍에 물이 가득해야 집안에 복이 마르지 않는다는 이치를 부모님 말씀을 통해 익히 알고 있다. 어머니는 물두멍을 아주 귀하고 신성하게 대접한다. 그냥 항아리가 아닌 신주단지를 모시는 정성이다. 하루에 한 번씩 남아있는 물을 비우고 깨끗이 씻고 닦는 모습에 기도가 묻어난다. 물두멍 주위에 먹다 남은 빈 그릇이나 설거지통이 보이면 큰일이 벌어진다. 하얗게 삶은 마른행주는 물두멍 덮개 위에 가지런하고 조금씩 보이는 항아리 윗부분은 반짝 반짝 윤이 난다. 물두멍은 아홉 식구의 젖줄이기도 하기에 온 정성 기울였을 것이다.

저녁 준비를 하면서 물을 다 쓰면 집안에 딸들은 물동이 부대가 된다. 밤에 씻을 물과 내일 아침 식구들의 세숫물 그리고 먹고 마실 물을 물두멍에 가득 채워야한다. 부엌 벽에 걸린 동그란 나일론 똬리와 양철 물동이를 한 개씩 들고 우물로 향한다. 나일론 끈을 매단 둥근 고무 두레박을 샘물에 깊게 넣어서 휘저었다가 긴 끈을 양손으로 번갈아 잡으며 두레박을 위로 건져 올린다. 두레박에 담겨온 물은 우물 벽에 부딪혀서 거의 없어지고 반만 고인 두레박이 올라온다. 작은 키에 두레박을 올리려니 역부족이다. 딸들은 머리를 쓴다. 큰언니는 두레박으로 물을 길어 올리는 일을 맡고 둘째언니와 나는 물동이를 머리에 이고 집으로 나르는 역할을 한다. 물동이 물에는 바가지를 엎어서 올려놓고 걷는다. 바가지는 출렁거리는 물동이 물의 균형을 잡아주며 흘러내리는 것도 예방한다. 이따금씩 흘러내리는 물은 손으로 훔쳐내며 눈은 땅 아래로 깔고 새색시 걸음으로 한참을 걸어서 언덕 집에 도착한다. 바쁜 어머니는 차례로 물동이를 받아서 물두멍에 부으면서 "어이쿠 물 부자가 제일 부자지. 물을 아껴 써야 한다." 하면서 만면에 웃음이 가득하다. 어린마음에도 물두멍이 가득차면 마음이 편안했으니 부자로 산 것 같다.

돌이켜 보면 어린 시절 물동이로 물을 나르면서 세상의 균형과 분배를 배운 것 같다. 어려운 일 힘든 일이 있으면 서로 나누어 분담하면서 무게를 줄여가고 귀한 물을 아껴 쓰는 습관이 오늘의 생활이 되었다. 그만큼 우물의 자리는 우리의 성장과정에서 빼놓을 수 없는 신비의 요체이며 활기찬 공간이었다.

목이 말라 물을 청하는 나그네와, 급히 물을 마시다가 체할까 봐 바가지에 버들잎을 띄워주는 우물가 처녀의 이야기인, 고려 왕건의 설화도 우물가에서 시작된 이야기다. 현대의 삶에서 우물이 사라진 것은 단순히 식수원이 없어진 것이 아니라 공동체와 추억거리가 소멸된 것이라서 아쉽다. (2016. 4. 15)

배추 전 아리랑

겨울의 문턱이다. 벌거벗은 나뭇가지 사이로 달려오는 휑한 바람이 발걸음을 재촉한다. 이맘때면 논밭의 가을걷이가 끝나고 겨울을 채비하는 김장준비로 바빠지는 계절이다. 대형마트에 쌓아놓은 속이 꽉 찬 배추를 보면서 어릴적 고향마을의 잔칫집을 떠올린다.

까만 무쇠 솥뚜껑을 뒤집어서 벽돌로 발을 만들어 걸어놓고 불을 지핀다. 따끈한 기운이 오르면 돼지비개를 잘라서 길쭉하게 만든 다음 솥뚜껑을 한 바퀴 두르면 '지지지이직' 하면서 구수한 기름 냄새가 온 동네를 뒤덮는다. 마당 한쪽에는 씻은 배추가 광주리마다 노랗게 앉아있다. 동네 아주머니들은 그 배추를 밀가루 물에 담갔다가 기름기가 반질반질한 솥뚜껑에 올려놓고 앞으로 뒤로 뒤집으면서 배추를 전으로 재탄생 시킨다. 그리고는 따뜻할 때 맛을 봐야 한다면서 손으로 줄줄 찢어서 접시위에 올려놓고 서로 먼저 먹어보라고 권한다. 달착지근하고 구수하다는 말들이 오고가자 내 침샘은 요동을 친다. 어머니 치마꼬리를 잡고 따라온 나에게도 얼른 한 입 넣어준다. 한 입 가득 씹는데 물컹한 그 무엇이 온몸을 거북하게 한다. 대문 밖으로 뛰어나와 몰래 뱉어내었다. 구수하고 달착지근하다는 어른들의 입맛을 알아가는 데는 꽤 오랜 시간이 걸렸다.

며칠 전 친구의 어머니이자, 잔칫날 동네에서 배추전을 구워내던 집안 아지매가 돌아가셨다는 소식을 들었다. 같이 자라던 다섯 명의 동네 소꿉친구들은 조문을 다녀와서 김천에 살고 있는 친구 집으로 다시 모였다. 마침 김장김치를 담은 날이었다. 텃밭에서 키운 배추로 맛깔스럽게 김장을 버무려놓았다. 늦은 밤 조용히 잠을 청할 시간에 하얀 쌀밥과 빨갛게 버무린 김치로 출출한 뱃속을 달랜다. 코흘리개 시절로 돌아가 그때의 추억을 꺼내어본다. 마을에서 부자로 살았던 아지매는 흑백텔레비전이 처음 나올 때 동네에서 제일먼저 텔레비전을 구입했었다. 갈색 나무다리가 있고 화면 앞에는 열고 닫는 문에 열쇠도 달려있었다. 그 집은 저녁 8시만 되면 어른 아이 할 것 없이 모여들어 영화관을 방불케 했다. 커다란 안방이 모여든 아이들로 가득차서 자리가 없으면 마루에 어른들 틈에 끼어 이쪽저쪽으로 기웃거리며 연속극보기에 마음을 빼앗겼던 옛이야기로 또 한 번 되돌이 행진을 한다. 모든 것이 부족하고 모자랐던 시절 이웃에게 따스함을 베풀었던 아지매는 초여름까지도 건강하고 힘찬 모습이었는데 3개월 정도 노환으로 앓다가 86세 일기로 세상을 뜨셨다. 마지막까지 고향 친구들을 한자리로 불러 모아주는 역할까지 하셨다.

다음날, 이른 아침 창밖을 보니 겨울비가 촉촉하게 앞마당의 잔디를 적신다. 친구는 이렇게 겨울비가 내리는 날은 배추전이 최고라면서 엄지손가락을 치켜든다. 김장을 하고 남은 맛있는 배추로 배추 전을 부치자고 한다. 오랜만에 단발머리 친구와 함께 고향의 맛을 즐길 수 있겠다. 모두 박수로 화답한다. 밀가루반죽은 집 주인이 만들고 부산에서 온 나는 배추의 두꺼운 줄기부분을 칼등으로 통통 두드려서 납작하게 만드는 담당이다. 서울 친구는 후라이팬에 기름을 두르고 배추에 밀가루반죽 옷을 입혀서 구워내는 일이다. 남은 두 친구는 접시를 준비하고 휴대폰으로 사진 찍기 놀이에 바쁘다. 배추전은 손이 많이 가는 힘든 일이 아니고 재료가 많이 들지도 않는다. 참으로 소박하고 간단하다. 고소한 기름 냄새와 함께 나른하게 익어가는 배추전은 미각을 자극하기에 충분하다. 전은 커다란 접시로 이사를 하자마자 젓가락으로 포위되고 곧장 이입 저입으로 사라진다. 뜨끈하게 익은 하얀 속살을 한 쪼가리씩 서로의 입에 넣어주니 살가운 정까지 배불러온다. 여럿이 함께 만들고 바쁘게 먹으니 어릴 때 느꼈던 물컹했던 기억은 어디에도 없다.

나이가 들면 입맛도 바뀌는 것일까. 뜨거운 콩나물국이나 뭇국을 먹으면서 시원하다는 말의 뜻을 이해하듯이 배추 전의 달착지근하고 아삭한 맛도 확실히 알게 되었다. "니들이 게 맛을 알아?"라고 광고한 나이 지긋한 텔런트의 말에는 깊은 뜻이 있었다. 아이들이 씨래기국과 감 홍시를 안 먹으려고 할 때 강요하지 말아야겠다. 세월을 먹고 자란 연륜처럼 곰삭고 푹 익어야 진정한 맛을 음미 할 수 있으리라.

오늘의 이 달큰한 맛은 어느 호텔의 고급스런 일품요리들과 비교가 되지 않는다. 어릴 때 고향마당의 소박한 추억을 온몸으로 채웠으니 최고의 맛이다. 창밖에는 빗소리가 정겹고 창안에는 옛 맛으로 흥겹다. 배추전으로 하나가 되어 덩실덩실 아리랑 노래에 맞추어 신명을 풀어낸다. 다섯 명의 옛 친구가 배춧잎처럼 어우러져 온몸을 흔들어 본다.

어릴 때 이민을 간 친구는 모국어는 잊을 수 있지만 옛날에 먹던 음식 맛은 잊을 수 없다고 한다. 음식이 DNA에 각인되는 것 같다. 이렇듯 음식은 맛으로 이야기를 만들어 내며 사람의 감정선까지 건드린다. 맛있는 먹거리가 풍성한 요즘 세상이다. 하얀 무명저고리 입은 듯한 배추 전의 '단순한 맛'이 즐거움과 소박한 행복을 부른다. (2014. 12. 9)

푸른 시절

초록의 계절이다. 낙동강이 비스듬히 보이는 화명생태공원 숲속에 살포시 몸을 맡긴다. 먼 산과 하늘, 숲과 바람이 친구 되어 함께 숨 쉬고 있다. 싱그러운 잎들은 달콤한 햇살을 받아 마시며 더욱 반짝인다. 건너편에는 노랑 병아리 옷을 입은 유치원 아이들의 재잘거림이 바람을 타고 날아든다. 바람 따라 날아온 하얀 웃음은 오래전 유치원 선생님으로 나를 데리고 간다.

대학을 졸업하고 유치원 새내기 교사로 아이들과 만났다. 별처럼 초롱초롱한 사십 명의 눈망울을 일 년 동안 책임져야 했다. 인지영역, 언어영역, 사회영역, 신체영역, 정서적인 면을 놀이와 학습을 통해 균형있게 성장 시키는 역할이다. 단지 아이를 좋아한다는 이유로 선택하면 힘든 부분도 있다. 로버트풀검이 쓴 『내가 배워야 할 것은 유치원에서 다 배웠다』라는 책에도 유아기의 선생님은 부모이상의 눈이 필요하다고 하지 않았던가. 개인과 공공의 기초생활 질서와 규칙을 철저하게 몸에 익히도록 하고 완전한 인격체로 성장할 수 있도록 도와야 한다. 프뢰벨의 인성 교육을 중심으로 피아제의 수학교육, 몬테소리 교구를 이용한 인지교육 등을 계속적으로 공부했다. 수업연구는 물론이고 교재 교구도 교사들이 직접 손으로 만들어서 활용했다. 가족운동회나 소풍, 큰 행사 때도 이벤트 대행사를 부르는 것이 아니라 교사들이 손수 프로그램을 만들고 준비물을 챙기며 진행을 했다. 그야말로 다재다능한 만능 재주꾼에다 인성은 기본 덕목이다.

이른 아침 아이들이 등원할 때면 손을 내밀어 잡아주고 한사람, 한사람 두 팔 벌려 안아주면서 반긴다. 선생님 품안에 꼬옥 안기는 아이들은 활짝 핀 얼굴로 하루를 시작한다. 놀이시간에는 본인들이 좋아하는 영역을 찾아다니며 활동을 하면서 친구들과 어울려 사회성을 쌓아간다. 알려고 하지 않아도 서로 오고가는 이야기를 들어보면 가정의 환경이나 현재 상황을 훤하게 알 수 있다. 어제 밤 동생이 이불에 오줌 싼 이야기, 엄마 아빠 말다툼한 것, 우유 마시다가 컵을 깨트린 것까지 소소한 이야기를 주고받고 공감하며 그들만의 작은 사회가 소통 되어간다.

수업이 끝나도 한 두 명은 엄마가 데리러 올 때까지 기다리는 경우가 있다.

교구를 가지고 놀기도 하지만 지루해 보이는 아이가 있으면 같이 놀아 주기도 한다. 어느 여름날, 화단에 핀 빨간 봉숭아꽃을 따서 아이의 손톱에 물들였다. 작고 통통한 손등에 쌀알 같은 손톱이 볼록하다. 아이들 손톱이 이렇게 작은지 놀랐다. 큰 손톱보다 더 신중하고 조심스럽게 양을 조절해서 손톱에 올려야 한다. 빨간 꽃을 돌로 찧어서 꽃물까지 손톱에 얹고 초록 잎으로 감아서 실로 묶었다. 재미로 시작했는데 손이 많이 가는 큰 작업이 되었다. 아이의 열손가락은 어느새 아기 초록모자로 변신했다. 초록모자가 떨어질세라 두 팔을 앞으로 쭉 펴면서 스스로 벌을 선다. 어릴 적 할머니가 내 손톱에 물들여 주던 때가 떠올라 아이의 펴든 손을 조용히 잡아주며 미소 짓는다. 여러 가지 색으로 손톱을 쉽고 편하게 장식하는 메니큐어가 흔한 지금이지만 자연에서 얻은 추억은 세월이 흐를수록 선명한 그림으로 살아있다.

오월, 가정의 달에는 '아빠와 함께'하는 행사가 저녁 일곱 시부터 늦은 밤까지 진행된다. 수업의 연장선이기 때문에 아이와 아빠는 대부분 출석을 한다. 수업과정을 아빠들에게 공개하고 담임선생님과 대화의 시간을 가진다. 아이와 함께하는 놀이가 끝나면 아빠들만의 오락시간이 있다. 개인의 장기자랑과 팀별 게임, 행운권 추첨까지 아빠들의 눈과 귀는 쉴 틈이 없다. 일 년 행사 중에서 아빠들의 참석률이 매우 높다. 유치원교육을 이해하고 신뢰하는 장이 되는 기회라고 교사와 학부모가 공감하는 부분이다. 다섯 개 반이 돌아가며 일주일 동안 치른다. 교사들은 오후시간에 수면을 취해야만 밤에 무리 없이 진행을 할 것인데 한창 푸른 청춘들은 잠보다는 영양가 없는 수다로 에너지를 소진하는 편이다. 유치원을 총괄하는 원장수녀님은 쉬는 시간이 되면 '삐이삐이' 인터폰을 누르며 잠을 자라고 독촉한다. 교사들의 건강을 염려하며 질 높은 유아교육을 우선으로 생각하고 실천하는 수녀님의 배려이다. 한해를 마무리 할 때면 언제나 교사들을 생각한다. 연수를 받을 기관과 휴양지를 추천해 주면서 여행하며 휴식도 취하라고 권유한다. 일보다 '사람이 먼저'라는 것을 보고 배우는 계기가 되었다. 방학에는 여러 곳을 여행하며 새로운 에너지를 축적하곤 했었다.

유치원교사로서 한창 익어가는 시기에 결혼이라는 문턱을 넘었는데 시대의 벽에 부딪혔다. 그 당시 기혼자는 당연 퇴직이었다. 아이들과 어울리며 그들과 함께 성장한 다섯 해의 봄은 따뜻했다.

파릇함이 묻어나는 능금의 도시 대구를 뒤로하고 부산으로 와서 먼저 태종대 바다를 찾았다. 바위벽에 부딪히며 거칠게 울음을 터뜨리는 파도를 보았다. 안락했던 여신의 동굴에서 벗어나 파도와 고난이 있는 카오스의 바다로 향했던 '오디세우스'가 파도 속에 하얀 거품으로 다시 살아왔다. 망망대해를 항해하며 숱한 괴물을 만나고 고생을 하는 행로에서 삶은 한곳에 안주하는 것이 아니라고 일러준다. 시퍼렇게 꿈틀거리는 태종대 바다가 머리와 가슴을 흔들었다. 바다는 끝이 보이지만 그 끝에서 다시 새로움이 시작되는 곳이리라.

살아있는 도시 부산에서 부산사람이 되어간다. (2016. 5.18)

택시 타던 날

'오늘도 안전운전 하십시오.' 승용차에 매달린 작은 카메라가 전하는 인사말이다. 차가운 기계 속에서 나오는 말이지만 운전자의 마음을 다잡아 준다는 생각에 참 고맙다. 운전을 하다보면 좁은 골목이나 차도에 아이들이 튀어나온다거나 갑자기 끼어드는 차량 때문에 한번쯤은 고생한 사람들이 있을 것이다. 나와 너를 보호하고 안전운전을 바라는 마음으로 승용차 안의 작은 카메라는 이제 보편화 되었다. 집집마다 승용차를 한 대 이상 소유하고 있는 요즘, 거리마다 도로마다 자동차가 넘쳐난다. 기동력이 있고 편리해서 좋은 세상이지만 내가 여학교 다닐 때는 자동차가 흔하지 않았다. 택시가 지나가도 반가워서 손을 흔들던 시대였다.

집에서 학교까지는 한 시간을 걸어야만 도착 할 수 있었다. 산길을 걷고 들길을 지나 먼지 풀풀 나는 도로를 걸으면 학교가 보인다. 날씨가 화창하거나 시원할 때는 걸어서 가고 아주 덥거나 추울 때는 자전거를 타고 등교한다. 하얀 교복은 보따리에 싸서 책가방과 함께 뒷바퀴 안장에 묶고 체육복 차림으로 신나게 페달을 밟으며 학교로 향한다. 자전거를 타고 하교 할 때는 아는 사람이나 친척 어른을 만나면 의례히 뒤 자석에 태운다. 어쩌다 무거운 짐까지 든 어른을 만나면 난감하다. 뒷좌석이 무거워서 옆으로 쓰러지기 때문이다. 친척어른들은 키가 크고 무게가 있던 나의 자전거를 많이 애용하셨다. 어느 날 장보러 읍내에 나오신 큰어머니를 뒷좌석에 태워오다가 천방 둑에서 데굴데굴 굴러 물도랑에 풍덩 빠트렸다. 한 덩치 하시는 큰어머니는 보리쌀 자루까지 안고 있었는데 무게가 심상치 않았다. 땀을 흘리며 끙끙 달렸다. 앞에서 오는 소달구지를 피할 때 꼰들꼰들 하다가 끼익 브레이크를 잡으면서 큰어머니는 보리쌀 자루를 안고 물도랑으로 굴렀던 것이다. 젖은 보리쌀 자루를 얼른 안고 물속을 빠져 나오는 큰어머니의 멀쩡한 모습에 안도하며 마주보고 하얀 웃음을 터뜨렸다. 서로 굉장히 미안한 마음을 웃음으로 주고받으며 아무 일 없었다는 듯 자전거를 애용하는 일상은 계속되었다.

따뜻한 봄날이 되면 먼 길을 걸어서 등교한다. 이른 아침 산길은 더욱 맑고 생기가 넘친다. 밤새 누웠던 잎들은 연두 빛으로 일어나고 보랏빛 제비꽃은 몽우리를 입에 물고 한들거린다. 동그랗게 미소 짓는 노란 민들레와 솜털 보송보송한 진 붉은 할미꽃은 산길을 밝히는데 한 몫 한다. 한 종류의 특별한 꽃이 핀다고 산자락이 아름다워지는 것이 아니다. 이름 모를 작은 풀들과 고개 숙이며 겸손을 전하는 할미꽃까지 피어서 색을 만들어내니 조화롭다. 꽃들의 향연이 펼쳐지는 산길을 걸으며 시를 외우고 영어 단어도 외우며 음악시간에 부를 가곡도 연습했다. 이따금 짝사랑하는 영어 선생님과의 미래를 상상하며 십대의 가슴은 연분홍으로 부풀어 오르기도 했다.

비가 오는 날은 자전거를 타지 못하고 걸어서 등하교 하는 것도 많이 불편하다. 비포장도로에는 버스가 다니면서 흙탕물을 튀기고, 바람까지 부는 날이면 얇은 비닐우산이 뒤집어지기 일쑤이기 때문이다. 어쩌다 마을에서 급한 일이 있어 택시를 부르면 빈 택시가 마을로 가게 된다. 하교 길에 빈 택시를 보고 손만 흔들면 공짜로 택시를 탈수 있었는데 비가 올 때에는 택시 안은 학생들로 가득하다. 택시를 공짜로 타는 날이면 운 좋은 날이라고 가족이나 친구들에게 자랑삼아 이야기 하곤 했었다.

여름방학이 다가오는 비 내리는 토요일이었다. 이웃 마을 친구와 철길을 지나서 집으로 가고 있는데 빈 택시가 우리 앞으로 오는 게 아닌가. 잽싸게 손을 들고 아저씨 표정을 살폈다. 교장

선생님 같은 근엄한 모습의 아저씨는 창문을 내리더니

"너 어디 까지 가노."

"우리는 왕신동 갑니더."

"이 차는 왕신동은 안가고 다른데 가는데 너 동네는 지나가니까 타라"라고 한다.

펼쳐든 우산을 접고 얼른 택시 문을 열었다. 뒷좌석에 앉아서 책가방과 우산을 정리하는데 뭔가 이상한 느낌이다. 머리가 빙글빙글 돌고 발이 천정으로 올라가는 것이다. '엄~마야!' 큰소리를 지르며 눈을 떠보니 택시는 시퍼렇게 벼가 자라고 있는 논바닥에 엎어져 있다. 엎어진 차안에서 문을 간신히 열고 밖으로 나오니 길가에 농업고등학교 남학생들이 줄지어 구경하고 있다. 택시가 논 가운데 뒤집어져 있고 그 속에서 여학생이 기어 나오니 큰 구경거리가 난 것이다. 순간적으로 일어난 일에 어안이 벙벙했고 우리를 쳐다보고 있는 남학생들의 까만 눈동자를 뚫고 논을 빠져 나가야 하는데 용기는 땅에 떨어졌다. 흙탕물로 뒤범벅이 된 몸으로 논둑길을 가로질러 숨 가쁘게 집으로 도착하니 팔다리에는 긁힌 상처가 한두 군데가 아니다. 며칠이 지나자 상처 부분이 퍼런 멍으로 돌아오면서 부모님이 알게 되었다. 부모님은 그만하니 다행이라고 다독여 주시고는 택시가 고장이 많이 났겠다고 기사 아저씨를 걱정하신다. 그렇다. 그 당시는 나 보다 너를 생각하며 얄궂은 계산보다는 인정을 앞세우는 시대였다.

도시의 회색 콘크리트 벽속에서 인공지능(AI)이 만물을 대변하는 편리한 시대이지만 자연과 더불어 살았던 세대들은 여유와 인정이 넘쳤다. 사람의 지혜와 인정이 더해지는 새로운 융합지능이 필요한 때이다. (2016. 4. 20.)

아지매 제삿날

이른 아침 눈을 뜨면, 하루의 시작을 알리는 장소로 내 몸을 옮긴다.

주방 한 켠에 자리 잡고 있는 네모난 목재 식탁이다. 오늘의 할 일을 메모하고 신문을 뒤적이며 차 한 잔의 여유를 즐긴다. 아침 식탁에서는 가족의 힘찬 출발을 응원하고 저녁 식탁에서는 하루의 무사함을 감사하며 대화를 나눈다. 아이들의 학교생활 이야기와 남편의 직장 얘기를 들어 보기도 한다.

탁자와의 첫 만남은 어릴 적 앉은뱅이 밥상에서부터 시작 되었다. 밥상 앞에 앉으면 "어른이 수저를 먼저 들고난 다음 밥을 먹어라", "반찬 투정은 하면 안 된다." 하시면서 부모님의 밥상머리 교육이 이어 진다. 언니 오빠의 공납금 이야기 동생들이 부쩍 자란 이야기 등 가족들의 대화가 밥상을 중심으로 이루어진다.

탁자는 사람의 인격과 인관관계를 맺어 가는데 필요한 매개체가 되기도 한다. 학교에서는 책상 앞에 앉아서 학습을 하고 선생님의 훈계를 받는다. 취직을 하려고 면접을 볼 때면 면접관의 탁자 앞에서 마음과 몸을 다해 최선을 다한다. 직장에선 다리긴 탁자를 사이에 두고 회의를 하고 의사소통이 교류된다. 남녀가 맞선 보는 자리에선 탁자위에 따뜻한 차 한 잔을 두고 설렘이 오가면서 서로의 관계가 진전된다.

결혼을 해서 아이가 초등학교 다닐 때였다. 거실 가운데 자리하고 있는 원목 앉은뱅이 탁자에 머리를 맞대고 밤늦도록 공부를 가르치고 책을 읽어주던 기억이 있다. 시험기간이 되면 초저녁부터 교과서 네 권을 차례대로 읽게 하고 잠을 재우곤 했었다. 네 과목 만점을 받아오면 "너를 업고 이 탁자 주위를 백 바퀴 돌겠다." 라고 그냥 지나가는 이야기로 흘렸는데 실제로 사백 점을 받아 와서 아이를 업고 백 바퀴를 돌아 준다고 진땀 뺀 일을 생각하며 빙긋이 웃어본다.

탁자는 인간관계와 인격형성 의사소통을 원활히 하는 것과 깊은 연관이 있지만 보이지 않는 님과의 관계에도 큰 역할을 하는 것 같다.

2008년 6월 중순쯤, 어릴 적 친구 어머니의 제삿날이었다. 부족하게 살았던 시절 먹을 것도 나눠 먹고 가까운 이웃으로 친하게 지내서 우리는 서로의 엄마에게 '아지매'라고 부르는 사이다. 아지매는 많이 배우지는 못해도 머리가 명석하고 지혜로워서 아이들을 모두 훌륭하게 키워냈다. 공교롭게도 우리 집 자매들과 그 집 자매들이 같은 해에 태어나서 거의 친구지간이다. 두 집 사이는 보통 인연이 아닌 듯싶다.

어른이 되어서는 자주 찾아뵙지 못하고 돌아가실 때도 뵙지 못해서 마음 한구석이 편하지 않던 차에 대전에 사는 둘째 언니가 제삿날에 참석 하자는 제안을 해왔다. 다섯 자매는 일사불란하게 계획을 짰다. 아지매가 생전에 좋아하시던 음식을 딸 다섯 명이 준비를 했다. 첫째언니는 닭고기, 둘째언니는 수박과 참외, 셋째인 나는 법주, 넷째와 다섯째는 여름과일 모두를 준비하기로 했다. 우리는 자기가 맡은 것을 준비해서 제사를 모시는 대구에 있는 친구의 남동생 집으로 쏙쏙 모였다.

모두들 의상은 검정 톤으로 무게 있게 차려 입었다. 마지막으로 도착한 성격 털털한 둘째 언니는 샛노란 참외 색 브라우스를 차려입고 등장한다.

보름달만한 크고 둥그런 수박을 보따리에 싸고 울룩불룩 튀어

나온 참외를 한 아름 안고 현관에 들어선다. 30년 전 촌 아낙을 보는 듯해서 웃음이 절로 나온다. 반가움에 손을 덥석 잡고 자초지종 이야기를 들었다.

옷은 아지매에게 잘 보이려고 노란색으로 새로 준비한 것이고, 수박은 전국에서 제일 맛있는 걸로 멀리 대전에서 특별히 주문한 것인데, 수박에 혹시 상처라도 날까봐 보따리에 곱게 싸왔다고 한다. 수박님(?)은 고속버스 타는 호사까지 누렸다고 걸쭉한 입담으로 너스레를 떤다. 모두 손뼉을 두드리며 한바탕 크게 웃었다. 언니의 정성이 한바탕 웃음으로 돌아왔지만 하늘에서 보고 있는 아지매는 깊은 마음 씀씀이를 알고 계시리라.

대구 대전 부산 서울 안동에서 준비한 정성을 커다란 제사상에 올려놓고 그 집 셋째 딸은 "우리엄마 봉산 댁 김 분남 님께 핸드폰을 치시지요."한다. 말이 끝나자 때 마침 기차 소리가 어둠을 뚫고 '칙~칙칙칙' 들려온다. 외아들의 "자 절을 올립시다." 라는 말에 우리 모두는 엎드려 절을 올리며 돌아가신 그분 생각에 잠긴다. 꿈에서도 자주 보이지 않던 아지매 얼굴이 제사상 뒤에 펼쳐진 병풍 위로 보이고 자상 하신 음성이 들리는 것 같아서 한동안 숙연했다. 둘째언니는 훌쩍거리며 눈물 콧물을 닦아낸다.

친구 연희는 1년 동안의 가족 이야기를 편지글로 써서 읽어 드린다. 수산 댁 딸 다섯이 멀리서 엄마 보러 온 이야기, 자신이 공무원 교육원에서 독서 감상문으로 상 받았던 이야기, 첫째 언니

농사 잘된 이야기, 둘째가 이사한 이야기, 막내 외아들 사업이 번창한 이야기 등 돌아 가신님께 하고 싶은 말은 계속 이어 진다.

제사상은 돌아가신 님과 살아있는 사람의 만남을 잇게 한다. 일 년에 한 번 있는 만남이지만 님을 통해서 떨어져 사는 가족들과의 만남이 이루어지고 가족관계가 더욱 돈독해 지기도 한다. (2008. 12. 3)

풍요의 꽃

하얀 가로수 길이다. KTX 신경주역을 가는 길, 충효동 도로위의 새하얀 꽃들이 초록치마 위에서 몽실몽실 피어오른다. 소복하게 쌓인 꽃이 바람결에 날리면서 풀잎위에 내려앉으니 흰색 풀꽃이 되어 참 곱다.

봄을 알려주던 화려한 벚꽃과 목련들이 작별을 고하면 초여름을 알리는 입하立夏쯤에 이팝 꽃이 하얗게 피어난다. 입하 때 꽃이 핀다는 의미의 '입하나무'가 변해 '이팝나무'가 되었다고 한다. 이팝나무에 꽃이 함박 피면 그 해 식량걱정을 면한다고 하여 쌀밥 꽃이라고도 불린다. 또 한 해의 풍년을 점쳐보는 '점쟁이나무'라고 알려져 있다. 꽃이 만발하면 풍년이 들고, 잘 피지 않으면 흉년이 든다는 것이다. 꽃이 오랫동안 풍성하게 피면 그만큼 땅에 물이 풍부하다는 뜻이니 옛사람들의 소박한 믿음을 허

투루 넘길 일이 아니다. 올해는 초록 잎사귀에 하얀 이밥이 소복소복 달렸으니 풍년은 약속된 것 같다. 은은하게 멀리 퍼져나가는 꽃향기도 밥 짓는 냄새 같아 정겹다.

이팝 꽃은 5월의 장미에게 아름다움이 밀릴까도 싶지만 전국 곳곳마다 적당한 공간에 피어서 어렵던 시절 서민에게 새하얀 쌀밥처럼 용기를 주었을 것이다. 쌀이 남아돌아서 걱정하는 시대에 살고 있지만 이팝 꽃을 보면서 하얀 쌀밥을 마음껏 먹고 싶었던 옛날을 추억해본다.

어린 시절 일곱 남매를 기르던 어머니는 윤기 나는 커다란 가마솥에 보리쌀을 삶아서 넉넉히 깔고 한쪽 귀퉁이에 쌀을 한 주먹 씻어서 앉혔다. 뜸을 들이고 솥뚜껑을 열어보면 구수한 냄새와 함께 하얀 쌀밥에 눈길이 갔다. 밥주걱으로 고슬고슬한 쌀밥을 아버지 밥그릇으로 한 공기 담고 나면 몇 알 남은 쌀밥은 흔적도 없었다. 철없던 시절, 쌀밥 한 번 먹겠다고 아버지 밥상 앞을 많이 맴돌았다. 아버지 그릇에 남겨진 쌀밥은, 동생들과 돌아가며 맛을 보아도 배속은 언제나 모자라는 듯 출출했다. 쌀밥을 고대하며 아버지 밥상을 기웃거리던 어린 남매들은 모두 아이의 엄마 아빠가 되었다. 배고팠던 옛날을 떠올리면 쌀 한 톨도 아까운데 오늘을 사는 우리들은 쉽게 얻고 버리는데 익숙해있다.

생일이나 제사상에서만 맛볼 수 있었던 하얀 쌀밥이 이젠 찬

밥 신세가 되었다. 그렇게 배부르게 먹고 싶었던 쌀밥도 건강에 좋지 않다고 잡곡밥으로 대신하고 식당에서나 쌀밥을 만나게 되면 반갑다고 하는 현실이다. 하얀 밥이 소복소복 담겨진 이팝나무를 보면서 어렵게 살던 시절, 쌀밥의 진정한 맛을 떠올려 본다.

배고픈 시절을 살아온 세대들에게 가슴을 적시는 이팝나무에 대한 몇 가지 설화가 있다.

옛날 경상도 어느 마을에 열여덟 살에 시집 온 착한 며느리가 살고 있었다. 그녀는 쉴 틈 없이 집안일을 했지만 시어머니는 항상 트집을 잡고 구박했다. 잡곡밥만 짓던 며느리가 큰 제사가 있어 쌀밥을 지은 날이었다. 뜸이 잘 들었는지 밥알 몇 개를 떠먹어 보다가 시어머니와 마주쳤다. 시어머니는 제사에 쓸 밥을 먼저 먹었다고 갖은 학대를 일삼자 며느리는 억울함을 견디다 못해 뒷산나무에 목을 매었다. 그 이듬해 며느리가 묻힌 무덤가에서 나무가 자라더니 그 나무에 하얀 꽃이 가득 피었다. 동네 사람들은 이밥에 한이 맺힌 며느리가 죽어서 돋아난 나무라 생각하고 '이밥나무'라고 불렀다는 이야기가 전해지고 있다.

또 옛날 가난한 선비가 병든 어머니를 모시고 살았는데 오랫동안 병석에 누워 있던 어머니가 하루는 흰 쌀밥이 먹고 싶다고 하였다. 선비는 밥을 지어온다고 하였지만 쌀독에는 한 사람 몫의 쌀만 있었다. 고민하던 선비는 마당에 있는 큰 나무에 올라가 하얀 꽃을 듬뿍 따서 자기 밥그릇에 담고 어머니에게는 하얀 쌀밥을 지어서 올리니 병석에 누워있던 어머니가 흰 쌀밥을 맛있게 드셨다는 것이다. 마침 그곳을 지나가던 임금님이 이 모습을 보고 크게 감동하여 그 효자 선비에게 큰상을 내렸다. 이 일이 세상에 알려지자 사람들은 이 나무를'이밥나무'라고 불렀고 지금은'이팝나무'로 불러지고 있다.

이팝 꽃은 화려하지는 않다. 향기가 연하고 꽃이 질 때는 눈처럼 흩날리며 장관을 이룬다. 나무를 등의자 삼고 자세히 바라보니 벚꽃이나 목련보다 더 매력적이다. 연두색 나뭇잎을 밑받침으로, 가늘고 하얀 허리춤을 간들거리며 한국 여인의 고전미를 보여주는 듯 은은하면서도 품위 있다. 멀리서 보면 하얀 뭉게구름처럼 뭉게뭉게 피어올라 보이기도 하고 초록나무에 하얀 눈이 소복소복 쌓인 것처럼 이색적이다.

정일근 시인은'이팝나무를 심은 뜻은 누구의 삶이든 굶지 않고 배부르게 살기 바라는 마음'이라고 했다. 어려운 시절을 보냈던 사람들은 이팝나무를 보면서 쌀밥을 꿈꾸게 했던 풍요의 꽃이라고 하겠다. 이팝나무를 풍요의 꽃으로 기억하고 반기는 것은 가난의 추억을 간직한 사람들의 특권일지도 모른다. 풍요를 누리는 지금 가난했던 시절을 잊지 말라는 뜻으로 받아들이고 싶다. 어려움을 이겨낸 사람들에게는 가난의 시절도 그립고 아름다움으로 남을 것이다. (2015. 6. 29)

이슬 먹고 사는 여자

여자들에게는 즐거움이 많다. 친구와 만나서 맛있는 음식을 함께 나누며 담소하는 즐거움, 이 옷 저 옷 입어보고 자신의 몸매를 거울에 비춰보며 아름답게 꾸미는 즐거움이 있다. 또 얼굴에 갖가지 색상을 덧칠하며 변신하는 즐거움도 있으니 인생을 살아가면서 남자들이 누리지 못하는 즐거움들이 수 없이 많다.

딸 부잣집 다섯 딸 중에서 셋째 딸로 태어났다. 키다리 아저씨라고 별명이 붙은 아버지를 닮아서 학창시절에는 언제나 뒷자리를 차지했다. 키는 크고 얼굴은 작고 콧등이 높아서 남자 아이들이 '코 빼쪽이'라고 놀려댔다. 그 별명이 듣기 싫어서 초등학교 때는 놀리는 아이를 쫓아다니느라고 수업시간에 늦게 들어간 일이 한 두 번이 아니다. 성인이 되고부터 콧대가 있으니 얼굴이 입체적으로 보인다는 사람, 또 어디에서 코를 만들었느냐고 물어보는 사람도 있다. 부모님께 감사한 일이다. 세상은 이렇게 많이도 변했다.

십대 사춘기를 거치면서 여성으로서 첫 신고식을 치렀다. 이십대는 꽃피는 시절로 나비의 관심을 받기 위해 몸을 예쁘게 단장하기에 바쁜 시간이었다. 삼십대는 출산, 육아, 가사일과 직업을 가지면서 몇 가지 일을 해 치울 수 있는 용감한 아줌마의 몸으로 변했다. 사십대 중년, 아이들을 위해서 더 맹렬하게 학부모로 뛰고 직업인으로 뛰어 다니면서 '나는 누구인가'를 망각한 체 대한민국 아줌마로서 지치지 않는 에너지를 퍼부었다.

오십대를 달리고 있는 지금 내 몸은 자유롭고 여유롭다. 한 번씩 여기저기 나사가 풀리고 고장이 날 때가 있지만 오래된 기계는 고치면 또 쓸 만하다. 놓치고 살았던 일상의 소소함도 찾아서 내 것으로 만들면 즐거움이 숨어있는 세포를 자극한다. 어제는 피지 않던 감동의 꽃이 피고 감사의 열매도 보인다. 새로운 탄생이라는 몸짓이 내 마음과 몸에서 피어나고 있는 것 같다.

어느 날 20대에 있었던 일들이 고요한 마음에 파도를 일으키며 하얀 거품으로 솟아오른다. 같은 침대를 쓰고 있는 옆 지기도 모르는 그 일들이 어제의 영화처럼 스쳐 지나간다.

삼십년이 훌쩍 넘은 일이다. 큰언니의 시누이가 대구에 능금아가씨 선발대회에 출전해서 능금아가씨 '선'에 당선 되었다. 나는 사형되는 언니 시누이에게 꽃다발을 선물했고 사진을 함께 찍으며 기뻐했었다. 사형은 동그란 얼굴에 커다란 눈은 샛별처럼 빛났으며 이목구비가 뚜렷하고 시원스럽게 생겨서 누구나의 시선을 사로잡았다. 주변에서 미인대회에 출전하라는 권유를 많이 받더니 결국 능금아가씨 선발대회에서 수상을 했다.

대학 2학년이었던 나는 단짝 친구에게 이 사실을 알렸다. 그 친구는 묘한 표정을 짓더니 다음날 대구 시내 동성로에 있는 ○○미용실에서 만나자는 것이다. '동네 미용실에서 뽀글 파마를 하고 다니던 내가 마음에 들지 않아서 그렇구나.' 하고 생각하면서 미용실로 따라 나섰다. 친구는 대뜸 "원장님 내 친구 한번 봐 주이소."하면서 원장실로 나를 밀고 들어간다. 원장님은 머리부터 발끝까지 앞으로 뒤로 위로 아래로 한참을 훑어보더니 고개를 끄덕였다. 며칠 뒤에 다시 만나자고 하면서 날짜를 적은 메모지를 내손에 쥐어준다. 친구는 "니는 내대신 소원 풀 일만 남았데이" 한다. "너거 사형이 능금아가씨 됐는데 니는 사과 아가씨 한번 해보자!" 하면서 보기와 다르게 걸쭉하게 나를 밀어 세운다. 사형이 능금아가씨 '선'에 당선되었다고 자랑삼아 이야기 한 것이 친구에게는 다른 방향으로 자극이 된 것이다. 계란형 얼굴에 백옥 같은 피부를 가진 친구는 "나는 말이야 조건은 다되는데 원통하게도 키가 받쳐주지 않는다. 5센티 부족하다 아이가."하면서 너스레를 떠는 게 아닌가.

며칠 뒤 미용실을 다시 찾았다. 열 명이 넘는 아가씨들이 커다란 방에서 무언가에 몰두하고 있다. 맥주병으로 종아리를 열심히 문지르는 사람, 파운데이션을 팔다리에 수없이 바르는 사람, 얼굴에 밀가루 반죽을 떼어내는 사람 등 저마다 바쁘다. 정신이 아찔하다. '이런 세상도 있구나!' 한편으로는 놀랐지만 여자의 본능인 예뻐지는 연습인데 호기심도 발동했다. 먼저 짧은 간편복으로 입고 7센티 구두 굽으로 신어서 키가 170센티이면 1차는 통과된다. 1차 통과는 무난했다. 2차는 수영복을 입고 높은 굽의 구두를 신고 표정을 우아하게 때로는 요염하게 지으면서 워킹연습을 한다. 이것은 내가 소화하기 힘든 작업이다. 그렇지만 친구를 생각하며 억지연습을 했다. 그다음 드레스를 입고 인터뷰를 한다. 몇 가지 차례를 통과해야만 미용실에서 오케이 싸인이 떨어진다. 미용실에서 이렇게 까다롭게 통과하면 본선에서는 쉽게 순위 안에 들 수 있다는 것이다. 나중에 들은 이야기지만 ○○미용실에서 추천하는 아가씨는 무조건 순위 안에 들었다는 것이다.

결전의 그날이다. 본선 수영복 심사에서 내 앞 번호 아가씨가 갑자기 쓰러졌다. 며칠 동안 밥을 못 먹고 긴장했던 탓이다. 주위에서 왜 밥을 안 먹느냐고 물으면 본인은 이슬 먹고 산다면서 큰소리 쳤었다. 목소리만 컸지 심장은 떨고 있었던 것이다. 그때부터 내 몸에도 닭살이 돋아나기 시작했다. 그것은 긴장이라기보다 내 몸이 이것은 아니라고 거부반응을 일으키는 것이었다. 사람이 쓰러지는 것을 보고 친구에게 떠밀려온 내가 정말 나인가를 생각했다. 끝까지 억지웃음을 지어가며 시간을 보내면 어떤 결과가 있을지 아무도 모른다. 만약 순위 안에 들어서 고향에 계시는 아버지가 아시면 그날로서 우리 아버지의 딸은 아니다. 벌거벗은 몸에 착 달라붙는 수영복을 걸치고 여자의 몸을 자랑시키는 것은 지극히 유교적이고 가부장적인 아버지를 모욕시키는 일이기 때문이다. 수영복이고 하이힐이고 다 벗어버렸다. 그리고 무대를 내려와 정신을 차렸다. 잠깐 꿈을 꾼 것이라고 마음을 다독였다.

20대 꽃띠 나이에 새로운 세상의 경험을 했었다. 나를 통해 대리만족을 얻으려했던 친구 덕분에 잠시 즐겁기도 했다. 이유 없는 퇴장에 속상하고 아쉬워하며 한동안 외면했던 친구는 서로의 빈 마음을 채워주는 사이가 되었다.

현대사회 여자의 몸은 태어나기도 하고 만들어지기도 한다. 또한 여성의 몸은 생명을 낳고 기른다. 한 송이 꽃처럼 가장 아름답고 연약하지만 그 부드러움 속의 강함이 사람을 변화시키고 세상을 변화시킬 것이다. (2014. 7. 9)

금샘 가는 길

그와 함께 떠난다. 주말이면 이산 저산을 찾아 떠나는 남편의 뒷모습을 바라만 보다가 오늘은 내가 먼저 배낭을 짊어졌다. 가파른 산길이 두려워 등산화도 꼭꼭 동여매고 알싸한 바람을 가슴으로 받으며 집을 나선다.

부산 북구 화명동에서 금정산 고당봉으로 향하는 등산로는 시작부터 경사가 급하다. '다리가 튼튼해서 잘 걸을 수 있을 거다'라고 주문 외듯 걷는데 몇 걸음 만에 숨이 헐떡거린다. 다리에 힘만 좋다고 능사가 아니다. 심장박동에 맞추어서 호흡조절을 잘해야만 높은 산길을 잘 걸을 것 같다. 가슴에서는 풍선처럼 부푼 심장이 앞으로 터져 나올 것 같고 엉덩이는 바윗덩이를 매단 것처럼 무겁다. 앞서서 걷는 남편은 날 센 다람쥐처럼 가볍게 걸음을 옮기고 있다. 헐떡거리는 숨을 몇 번씩 몰아쉬며 겨울 산의 나

목을 친구삼아 기대어 본다.

초록으로 무성했던 잎들을 훌훌 벗은 나무는 여느 때 보다 당당하게 서있다. 봄에 싹을 틔워 여름에는 무성한 잎으로 키우고 가을에 풍성한 열매를 맺었던 나무다. 성장과 수확을 위하여 땀 흘려 일하고 벌레의 성화와 뙤약볕도 견뎌냈다. 봄, 여름, 가을의 할 일을 감당한 나무는 알몸으로 찬바람과 맞서며 침묵하고 있다. 나무는 매서운 겨울을 두려워하지 않는다. 긴 겨울 침착하게 내일의 봄을 준비하기 위해 안으로 힘을 기르고 있다.

굵직한 둥치를 둘러싼 잔가지들이 어우러져 동양화 그림처럼 보기 좋다. 도로가의 쭉쭉 뻗은 나무보다 더 든든하게 보인다. 큰 가지 작은 가지가 서로 어울려서 감싸주고 보듬어 있는 모습이 옹기종기 모여 사는 우리네 모습 같다.

이리저리 얽혀서 살아가는 너와 나의 이야기가 나뭇가지에 걸려있다. 가지 사이로 보이는 파란하늘은 나무가족의 세상살이 이야기를 알고 있으리라. 시련의 가지, 고뇌의 가지를 감싸 안고 지키는 나무다. 사람도 질병과 스트레스에서 자유로울 수 없지만 겨울나무처럼 알찬 침묵으로 견디며 안으로 성장하며 성숙해 가는 것이 아닐까.

비탈길 옆에 수북하게 깔린 구리 빛 낙엽이 눈길을 끈다. 바삭거리는 낙엽을 보자 숨어있던 세포 속에서 장난기가 쑥 올라온다. 몇 년 전에 개봉되어서 인기를 끌었던 다큐멘타리 영화 <님아! 그 강을 건너지 마오>가 얼른 머릿속을 스친다. 죽음에 대해 다룬 영화지만 '사랑'에 초점을 맞춰 따뜻한 느낌이 오랫동안 남아있다. 주인공 할머니와 할아버지가 낙엽을 안고 서로 뿌리며 장난하던 장면을 참 재미있게 보았다. 그 장면은 어렸을 때 친구들과 장난하던 익숙한 모습이다. 스르르 나오는 미소와 함께 두 팔로 낙엽을 가득 안았다. 앞만 보고 열심히 걷는 남편 뒤를 숨소리까지 죽이고 따랐다. 재빨리 안고 있던 낙엽을 그의 어깨 너머에서 얼굴을 향해 뿌렸다. 반응이 궁금했다. 움칠 깜짝 놀라며 "어이 경수이!(어릴 때 집에서 부르던 이름이다.)"하면서 만면에 아이 같은 웃음을 날린다. 그리고 잽싸게 엎드려서 낙엽을 긁어모은다. 영화에서 보던 장면이 생각나는 모양이다. 둘은 등으로 가슴으로 낙엽을 마구 날리며 장난 삼매경에 빠졌다. 중년의 부부는 겨울 산을 무대로 '낙엽놀이'영화의 주인공이 되었다. 내 장난에 무심하지 않고 같이 놀아주는 남편이 고맙다. 마주보며 웃다보니 남편보다 친구라는 단어가 더 가깝다.

가파르고 비탈진 길을 걷다가 쉬다가를 하면서 부산에서 제일 높은 금정산 고당봉 정상에 섰다. 꼭대기에서 360도 한 바퀴를 천천히 돌아봤다. 한 걸음에 달려갈 만큼 광안대교가 선명하게 보인다. 반대편에는 굽이쳐 흐르는 낙동강이 은빛으로 출렁인다. 멀리 양산 시내도 한눈에 들어온다. 회색건물 사이에서 무심히 바라 볼 때와는 아주 다른 모습이다. 높은 산길을 고생하며 올라와 멀리서 바라보니 가까이서는 보이지 않던 그리움까지 스민다.

이제 금샘으로 가는 길이다. 고당봉에서 내려가면 왼쪽 편으로 바위 무더기가 많은데 그 중 홀로 우뚝 솟아있는 바위 정수리에 우물이 괴어 있다. 이것이 금샘이다. 한 마리 금빛 나는 물고기가 오색구름을 타고 내려와 그 속에서 놀았다고 하여 지어진 이름이다. 호기심 가득안고 목적지를 향해 빨리 걸었다. 지친 몸을 찬바람으로 충전시켰더니 한결 가벼운 느낌이다. 10분 정도 걸어갔는데 설레는 마음 앞에 커다란 장애물이 기다리고 있다. 높은 바위벽에 동아줄 같은 밧줄이 걸쳐있다. 이 험한 바위를 기어올라야만 샘을 볼 수가 있다. 잠시, 올라야 하나 말아야 하나 갈등이 머릿속을 헤집는다. 마음을 다잡고 밧줄을 잡았다. 반질하게 닳은 밧줄을 두 손으로 꽉 움켜쥐고 전래동화『해님 달님』을 떠올렸다. 분명 썩은 동아줄은 아니니까 정신력에 몸을 맡겼다. 낭떠러지를 보니 아찔했다. 윗몸을 한껏 구부리고 고개를 숙이면서 조심조심 한 발씩 옮겼다. 이윽고 금샘이 보이는 평평한 바위에 다다랐다. 추운겨울 가뭄이 계속 이어지는데, 바위 안에 가득 고인 살얼음이 수정 빛을 발하여 금정산을 환하게 비춘다. 신화의 금샘은 생명의 샘이 되어 새로운 봄을 기다리고 있다.

목적지에 도달하기 위해서는 예상하지 못한 장애물을 만날 수가 있다. 가는 길이 험해도 때로는 고개를 숙이고 몸을 낮추어서 천천히 걷는 걸음이 나를 성장시키는 지혜가 될 것이다. (2015. 3)

응답하라! 청춘사진관

60세의 한 젊은 노인이 중병에 걸렸다. 치료를 맡은 담당의사는 노인에게 마지막 말을 남겼다. "당신은 최소한 30년은 더 사실 수 있습니다."라고 선물 아닌 선물을 안겨주었다. 지금 이런 용기(?)있는 의사가 있을까.

그러자 노인은 자리에서 일어나 외쳤다. "앞으로 삼십년 더 살 수 있다면 해야 할 일이 너무 많소. 공부를 못한 게 한이었는데 공부를 시작해야지. 이참에 프랑스어도 배워야겠어." 라고 한다.

영국의 극작가 버나드쇼의 희곡 『메투셀라로 돌아가라』의 한 대목이다. 의사 말대로 그 노인은 30년 넘게 장수를 누렸고 못다한 공부도 마음껏 했다.

메투셀라는 성경에 나오는 인물 중에 가장 오래 산 사람으로 969년을 살았다. 버나드쇼는 인간을 현명하게 만드는 것은 경험이 아니라 미래에 대한 기대라고 말했다. 내일에 대한 희망을 버리기 때문에 늙는다고 한다. 30년 더 살 것이라고 말한 격려 한마디가 공부하겠다는 희망과 건강을 회복시킨 원동력이 되었으리라.

얼마 전 영화 '수상한 그녀'를 보고 이 시대의 노인 문제를 생각해 봤다.

결혼 한지 일 년 만에 남편을 잃고 시장바닥에서 온갖 고생을 하면서 아들하나를 국립대 교수로 키워낸 70대 욕쟁이 할머니와 그의 가족 이야기다. 잘 키운 아들은 국립대에서 노인에 대해 연구하고 가르치는 노인교육 전문교수이다. 아들자랑이 유일한 낙인 욕쟁이 칠순 할매(할머니)는 어느 날 가족들이 자신을 요양원으로 보내려고 한다는 청천벽력 같은 사실을 알게 된다. 뒤숭숭한 마음을 안고 밤길을 방황하던 할매는 오묘한 불빛에 이끌리어 '청춘사진관'으로 들어간다. 태어나서 처음으로 입술에 연지를 바르고 최고로 예쁜 모습으로 영정사진을 찍고 거리로 나온다. 그녀는 버스차창에 비친 자신의 얼굴을 보고 경악한다. 주름진 할머니 모습에서 오드리 햅번처럼 뽀얀 피부, 날렵한 몸매, 탱탱한 20대 꽃 처녀의 몸으로 변신해 있다. 아무도 알아보지 못하는 자신의 몸은 젊은이지만 몸에 배어있는 정신은 70대 그대로다. 찜질방에서 tv를 보고 있는 할매들의 파마머리 뒷모습을 보고 '어이구 부로컬리 천국이구먼' 이라는 '빵' 터지는 말을 날리고는 미용실에 들려 브로컬리 파마를 자신이 좋아하는 오드리 햅번 머리스타일로 바꾼다. 속옷도 20대에 맞는 옷으로 바꾸고 다시 찾은 젊음을 즐긴다. 지하철에서는 아기를 안고 있는 젊은 엄마에게 다가가서 물젖이 어떻고 참젖이 어떻고 하면서 20대의 모습으로 70대 경륜을 전수한다. 그러면서도 젊을 때 하고 싶었던 노래를 부르며 가수로서 폭발적인 인기를 누린다.

코믹한 영화이지만 첫 장면에서 노인교육 교수가 학생에게 '노인' 하면 생각나는 단어들을 말하라고 독려한다. 학생들은 '거북이', '뻔뻔함', '주름', '검버섯', '탑골공원' 등 자신들과는 너무나도 다른 세계의 단어들을 나열하고 있다. 이 질문은 관객에게 던지는 것이리라. 과연 나는 어떤 말로 대답할 것이며 누구도 피해갈 수 없는 노년을 어떤 모습으로, 어떤 정신으로 다음 세대들에게 남길 것인가를.

어머니 혼자서 애지중지 키운 자식인 교수는 아내가 심장병에 걸려서 힘들어 하자 멀쩡한 어머니를 요양원으로 보내자는데 암묵적으로 동의하는 모습을 보인다. 노인을 전문적으로 연구하는 자식인데도 현실 앞에서는 내놓고 우리의 전통 문화인 '효'를 실천하는데 어려움을 겪고 있는 모습을 보여준다. 영국의 역사학자 아놀드 토인비는 "한국문화에서 앞으로 인류에 가장 크게 공헌할 게 있다면 바로 '효'일 것이다."라고 평가했는데 말이다. 가족들과 허심탄회하게 의논하고 합의점을 찾아가는 장면을 기대했는데 아쉬웠다.

영화의 끝 장면, 손자가 교통사고가 나서 수혈을 받아야 하는데 할머니 혼자만 손자와 같은 혈액형이다. 헌혈을 하면 젊음은 끝이 나고 다시 70대 노인으로 돌아간다는데 갈등의 순간에 교수인 아들은 꽃 처녀 어머니에게 다시 찾은 젊음으로 영원한 삶을 살라고 권한다. 하지만 어머니는 수혈을 결정하고 70대 할머니로 돌아온다. '좋은 꿈을 꾸었습니다.'라고 하며 독백하는 말에서 역시 '우리의 어머니구나' 라는 안도의 생각과 자신의 삶을 포기해야만 하는 이시대의 어머니에 대한 안타까움이 공존한다.

우리사회는 이제 100세 시대로 접어들었다. 노인이라는 단어도 새로운 단어로 바꾸어야 할 것 같다. '수상한 그녀'처럼 청춘사진관을 갔다 온 기분으로 마음과 몸을 일으키며 끊임없이 새로움을 찾아야 할 것이다. 자신의 인생을 책임지고 몸도 마음도 다독이며 후세대에게 짐이 되지 말아야 한다. 떳떳하고 건강하게 향기 나는 청춘으로 오늘을 살아야 될 것이다. (2014. 3. 21)

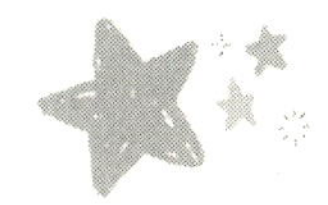

문학의 숲으로

문학의 숲으로

오월의 숲은 쑥쑥 자란다. 작은 잎들은 초록으로 생글거리며 함빡 웃는 아기 볼처럼 토실토실하다. 햇볕이 좋은 날은 습관처럼 주변의 숲길을 걷는다. 어릴 적 고향의 추억이 떠오르기 때문이다. 학교를 오고 갈 때는 언제나 오솔길을 걸어야만 했다. 제비꽃, 민들레, 엉겅퀴 등 이름 모를 풀꽃과 새들의 노래 소리가 정다운 친구였다. 오솔길을 걸으며 동요를 부르고 시와 영어단어도 외웠다. 그때 부르던 노래와 시, 영어단어는 기억의 창고에서 더듬거리지 않아도 곧장 불러 낼 수 있다. 싱그러운 색과 향이 그리워 먼 산 한 번 쳐다보며 오늘은 천천히 문학의 숲길을 걸어 본다.

문학은 한마디로 정의 할 수는 없다. 미술이나 음악처럼 색이나 형태, 음률로서 표현하는 예술이 아니다. 지식과 체험, 성찰, 비판, 등 삶의 다양함을 언어를 통해 독자들과 공감하고 공유하는 것이라고 할 수 있겠다. 누구나 시간적 공간적, 상황적 한계 때문에 이 세상의 모든 경험을 다 하고 살 수는 없을 것이다. 글을 통해서 대리 경험을 하고 거기서 지식과 지혜를 쌓으며 치유의 회복도 있으리라.

현대의 교육현장에서는 시 한 편 외울 시간에 영어단어 하나 더 외우는 것이 미래를 위해 더욱 중요하다고 한다. 식구들 밥 먹여 살리기 위해서는 눈 코 뜰 새 없이 바쁘게 일해야 하는데 문학이 밥 먹여 주냐고 한다. 그렇다. 문학은 밥을 먹여준다. 배를 채우는 밥이 아니라 우리의 영혼을 채우는 밥을 먹여준다. 문학은 가슴이 고픈 사람들을 위한 양식이다. 길을 안내하는 밥이다.

아이 둘을 키우며 직업인으로 오랜 세월을 바쁘게 살았다. 가끔씩 가슴이 허할 때가 있었다. 굶주린 가슴이 목마름의 신호를 보내올 때 가까운 서점을 찾곤 했다. 몇 년 전 신간서적 코너에서 장영희 교수의 문학에세이 『문학의 숲을 거닐다』를 만났다. 책장을 몇 페이지 넘겨보니 모두 밑줄 그어가며 읽고 싶은 대목들이다. 몸이 불편하지만 매사에 열정적이고 긍정적인 에너지가 넘치는 그의 문장들이 시들해진 삶의 고삐에 생기를 불어넣었다.

『문학의 숲을 거닐다』는 작가가 한 일간지에 약 3년간 연재했던 칼럼을 엮어놓은 작품이다. 한 편이 5페이지 정도의 짧은 글이지만 그 안에는 깊은 감동과 통찰이 담겨져 있다. 수 십 편의 고전 명작들을 마치 어린 시절에 들었던 옛날이야기처럼 편안하고 재미있게 풀어 놓았다. 책 속에서 가장 기억에 남는 것은 수록 작품 중 가장 짧고도 가장 쉬운 동화 한 편이다.

귀퉁이 한 조각이 떨어져 나가 온전치 못한 동그라미가 있었다. 동그라미는 너무 슬퍼서 잃어버린 조각을 찾기 위해 길을 떠났다. 여행을 하며 동그라미는 노래를 불렀다.

"나의 잃어버린 조각을 찾고 있지요, 잃어버린 내 조각 어디 있나요♪"

때로는 눈에 묻히고 때로는 비를 맞고 햇볕에 그을리며 이리저리 헤맸다. 그런데 한 조각이 떨어져 나갔기 때문에 빨리 구를 수가 없었다. 그래서 힘겹게, 천천히 구르다가 멈춰 서서 벌레와 대화도 나누고, 길가에 핀 꽃 냄새도 맡았다. 어떤 때는 딱정벌레와 함께 구르기도 하고, 나비가 머리 위에 내려앉기도 했다. 오랜 여행 끝에 드디어 몸에 꼭 맞는 조각을 만났다.

이제 완벽한 동그라미가 되어 이전보다 몇 배 더 빠르고 쉽게 구를 수 있었다. 그런데 떼굴떼굴 정신없이 구르다 보니 벌레와 얘기하기 위해 멈출 수가 없었다.

꽃 냄새도 맡을 수 없었고, 휙휙 지나가는 동그라미 위로 나비가 앉을 수도 없었다.

"내 잃어버린 힉, 조각을 힉, 찾았지요 힉!"

노래를 부르려고 했지만 너무 빨리 구르다 보니 숨이 차서 부를 수가 없었다. 한동안 가다가 동그라미는 구르기를 멈추고, 찾았던 조각을 살짝 내려놓았다. 그리고 다시 한 조각이 떨어져 나간 몸으로 천천히 굴러가며 노래했다.

"내 잃어버린 조각을 찾고 있지요......"

나비 한 마리가 동그라미의 머리 위로 내려앉았다.

- 셸 실버스타인의 <잃어버린 조각 *My Missing Piece*> 본문 발췌

이 짧은 동화 한편이 한 권의 책속에서 말하고자 하는 모든 것이 함축된 것 같다. 완벽한 성공, 완벽한 사랑, 완벽한 그 무언가를 이루기 위해 정신없이 구르고 있는 우리들이다. 완벽해지기 위해 정신없이 구르다가 일상의 작은 행복들을 놓치고 있는 것은 아닐까. 조금은 부족하고 모자라는 가운데서 마음을 다독이는 여유도 필요할 것 같다.

살아보지도, 만나보지도 못한 수많은 '너'를 문학의 숲에서 만나며 삶이 주는 묵직한 울림에 새삼 가슴이 떨린다. "나는 어디에 살았고, 무엇을 위해 살았는가."라는 소로우의 말에 옷매무세를 가다듬고 "아무리 조롱당하고 상처 입어도 한사람이라도 끝까지 노력한다면 세상 좋아지리."라는 돈키호테의 말에 느슨해

진 열정을 다시 일으켜 세워본다. 이렇게 문학은 우리의 가슴을 방망이질하고 위로도 해 준다. 짧은 오늘, 내 영혼이 닿을 수 있는 만큼 더 깊게 사랑하고 더 넓게 보듬으며 내 앞에 펼쳐진 보석들을 밝은 눈으로 맞이해야겠다. (2015. 5. 18)

시와 더불어 70년

– 영인문학관 김남조시인 자료전을 다녀와서

아직 목숨을 목숨이라고 할 수 있는가
꼭 눈을 뽑힌 것처럼 불쌍한
사람과 가축과 신작로와 정든 장독까지

누구 가랑잎 아닌 사람이 없고
누구 살고 싶지 않은 사람이 없고
불붙는 서울에서
금방 오무려 연꽃처럼 죽어갈 지구를 붙잡고
살면서 배운 가장 욕심 없는
기도를 올렸습니다.

반만년 유구한 세월에
가슴 틀어박고

매아미처럼 목태우다 태우다 끝내 헛되이 숨져 간
이 모두 하늘이 낸 선천(先天)의 벌족(罰族)이라도

돌멩이처럼 어느 산야에고 굴러
그래도 죽지만 않는
그러한 목숨을 갖고 싶었습니다.

- 김남조의 <목숨>전문

김남조 시인이 1953년에 발간한 첫 시집『목숨』에 발표한 시이다. 한국전쟁 중 생명에 대한 우리 모두의 기도가 시속에 담겨 있다. 구순을 맞이하는 김남조 시인의 70년 시 인생이 영인문학관에서 펼쳐진다. 생존 문인에 대한 자료전은 이례적인 일이라서 많은 관심이 쏠린다.

뜨거운 태양아래 미세한 가을바람이 옷깃을 스치던 날(2016. 9. 23)이었다. 부산에서 아침 일찍 서둘러 서울 종로구 평창동 영인문학관으로 향했다. 초대 문화부 장관을 역임하신 이어령 선생님과 건국대 국문과 교수를 지낸 부인 강인숙 선생님이 운영하시는 문학관이다. 이어령의 '영', 강인숙의 '인'을 딴 '영인문학관'이다. 사단법인 부산여성문학인 협회 이사장이신 정영자 교수님과 김남조 시인과는 대학교 시절부터 특별한 인연이 있는 사이다. 이 때문에 이사장님이 초청을 받은 자리에 함께 취재 길에 올랐다.

영인문학관은 북한산아래 평창동에 자리 잡고 있다. 고급주택가의 풍광 좋은 언덕에 아담한 규모지만 격조 있는 분위기이다. 곳곳에 두 분이 이루어 놓은 문학적 향기가 은은하게 스며있다. 언제나 그렇듯이 행사가 시작되기 전 일찍 도착하면 시간에 쫓기지 않고 여유로운 관람을 할 수 있어서 좋다. 멀리서 갔지만 우리는 첫 번째 손님이 되었다.

제1전시실에 들어서자 70년대 김남조 시인이 각계각층의 원로들과 직접 대담한 심층 인터뷰 기사와 사진이 오늘을 보는 듯 생생하게 기록되어있다. 한 면에는 1988년 38개국 국어로 번역되어 서울올림픽 선수단 수첩에 실렸던 '깃발' 번역시가 처음으로 공개 되고 있다. 한 작품이 38개국 언어로 번역된 일은 문학사 적으로도 충분한 가치가 있다고 본다. 또 시인의 남편인 김세중 조각가가 만든 김남조 두상, 박득순 화백이 그린 초상화와 윤영석 조각가의 부조, 김시중의 조각그림 등이 전시되어 있다. 첫 시집 『목숨』의 세 가지 판본을 위시한 시집 17권, 자필로 쓴 '서화첩에 그린 나의 프로필', 유명 인사들이 애송한 김남조 시 등이 전시되어 있다.

제2전시실에는 1953년에 쓴 첫 소설의 육필 원고와 시집 『사랑초서』도 육필 원고로 전시해 두었다. 17권의 시집에서 자신이 고른 '김남조 자선시自選詩'가 서화첩 4권을 통해 공개되고 있다. 젊은 시절 시인이 색종이로 형상을 만든 색지공예 작품이 붙여진 노트 '색지장난'도 시선을 사로잡는다. 문인들과 나눈 정감어린 손 편지에서는 그 시대의 정서와 시인의 두터운 인맥을 한 눈에 볼 수 있다. 천정과 바닥을 지탱해 주는 둥근 기둥에는 김남조 시인의 인생 연혁이 그려져 있다. 빼곡하게 기록된 그의 이야기가 살아있는 한국 문학사를 말해 주는 듯하다. 오래된 흑백사진 속에는 숙명여대 제자들과 즐거운 시간과 가족과의 오붓한 한때를 읽을 수 있다. 젊은 시절 시인의 추억을 함께 할 수 있는 푸근한 공간이다.

한편 '작가의 방'에는 박두진 시인의 자료들도 전시되어 있다. 이백의 시를 옮겨 쓴 여섯 폭 병풍과 아들 박영하가 동판으로 박 시인의 자화상을 만들어 놓기도 했다. 또 다른 문인의 작은방도 관람객의 눈을 자극하는 곳이다.

기념식 시간이 가까워 오자 주인공이신 김남조시인이 문학관으로 입장하신다. 엷은 핑크색 머플러를 길게 드리우고 지팡이를 짚었지만 단아한 모습이다. 신달자시인, 서정자교수 등 낯익은 분들과 다양한 장르에서 활동하시는 문인들이 모여서 정돈된 식장을 꽉 채웠다.

이어령 전 문화부장관은 축사에서, 담뱃불은 태우고 나면 재가 되어 바닥으로 떨어지지만 촛불은 태워도 재가없이 영원으로 남는다며 김남조시인은 촛불로 영원히 남을 분이라며 서문을 환하게 열었다.

한국의 소리를 대표하는 장사익 소리꾼의 '귀천'과 '연분홍 치마가 봄바람에 휘 날리더라'의 무반주 노래는 문학관을 흔들고 울리며 꽃보다 진한 향기를 전했다. 김남조시인은 인사말에서 좋은 세상을 만나서 영광이고 과분하다고 말문을 연다. 삶의 중심에 슬픔이 있었지만 그 안에는 미래에 대한 염원과 힘과 열망이 있었다고 한다. 또렷한 말씀 속에 꺼지지 않는 촛불의 의미를 확인할 수 있었다.

'태어나서 좋았다.

살게 되어서 좋았다.

오래 살아서 좋았다'

라는 짤막한 시로 마무리를 장식하였다. 짧은 시어 속에 자료전의 함의와 긍정의 삶을 살아온 시인의 오늘이 웃고 있다.

아침을 열며 서울로 향하고 자정이 넘어서 부산에 도착했다. 몸의 무리가 따랐지만 자료전에 대한 안목을 키우는 의미 있는 하루였다. 구순의 고령에도 손수 자료를 정리 하시는 열정과 70

년 동안 한 길을 걸어온 시인의 인생이 한국 문학사의 빛으로 남을 것이다. (2016. 9. 30.)

바다에서 희망을 건지다

– 최인호의 『고래사냥』 독서토론

푸른 바다를 보면서 희망을 찾는 현대인들이 많다. 바다는 세상의 갈등과 상처와 욕망도 말없이 수용하면서 그 본연의 색으로 우리를 품어준다.

푸른 바다에서 신화처럼 숨을 쉬며 힘차게 헤엄치는 고래를 본적이 있는가. 나 자신의 고래는 무엇인가를 끊임없이 생각하게 하는 책이 있다. 최인호 작가의 『고래사냥』이다.

『고래사냥』은 1983년에 출간되었고 이듬해인 1984년에 최인호 작가가 시나리오를 써서 영화로 만들어져 많은 관객을 동원했다. 주인공 병태역의 김수철과 민우역의 안성기, 춘자역의 이미숙을 스타덤에 오르게 했으며 연세대학교 후배인 배창호 감독과 인연이 시작된 계기가 되었다. 또 그는 직접 고래사냥 가사를 쓰기도 했다. 곡은 가수 송창식이 만들고 노래 불렀는데 고래사냥은 지금까지도 송창식을 멋진 가수로 기억하는데 큰 역할을 했다. 또 맥스무비(www.maxmovie.com)가 2013년 조사한 '최인호 작가의 원작 및 각본을 영화한 작품 중 관객들이 가장 다시 보고 싶은 영화'가 <고래사냥> 32.1%로 1위로 선정되었다. 이처럼 그가 하는 일마다 요즘 흔히 쓰는 말로 대박이 따랐다. 그만큼 열정과 고뇌를 담아냈다는 것이다.

최인호 작가는 고등학교 때 한국일보 신춘문예 소설『벽구멍으로』로 최연소 등단하였다. 내놓는 작품마다 대중의 큰사랑을 받았으며 이 가운데 많은 작품이 영화와 TV드라마로 제작되어 높은 인기를 끌었다. 그중에 <별들의 고향>, <고래사냥>, <바보들의 행진>, <깊고 푸른 밤>, <적도의 꽃> 등은 영화로 흥행기록을 세우기도 했다. 작가는 1990년대 중반부터는 소설가로서 작품세계에 몰두하기 위해 영화계와는 멀어지고 집필에만 전념했다. 그는 저서 236권을 남기고 5년여 동안 침샘 암으로 투병하다가 2013년 9월 25일 예순여덟의 나이로 생을 마감하였지만 영원한 청년작가로 모두의 가슴에 남아있다.

『고래사냥』을 읽고, 지금 와서 왜 고래인가를 화두로 독서토론이 진행된다. 토론자는 정영자, 박은태, 윤미순, 김선아, 김경자, 김성현이다. (존칭은 생략함)

윤미순 : 최인호 작가를 대중소설, 통속소설의 작가라고 일컫지만 누구보다도 노력하는 작가였습니다. 신복룡 건국대학교 교수는 한국의 역사학자들은 최인호만큼도 역사공부를 안한다고 질타하기도 했습니다. 최인호 작가는『길 없는 길』을 쓰기위해 경허스님의 흔적을 찾아 청계사를 헤매고 임상옥의 북경 유리창에서 흔적을 더듬으며『상도』를 썼고 산둥성 적산촌에서 장보고의 숨결을 찾아『해신』을 썼으며 백제의 유적을 뒤져『잃어버린 왕국』을 썼던 열정과 노력이 담겨 있습니다.

대학을 다니던 시대에『고래사냥』이 출간 되었는데 그 시기에는 민주화 운동이 일어나던 때로 기억합니다. 흔히 말하는 386세대가 공감하는 소설이 아닐까 싶습니다. 소심한 대학생 병태가 무작정 가출을 하면서 이야기가 전개되지요.

> 「나는 떠날 것이다. 병태는 중얼거렸다. 부서지며 박살이 나서 산산조각이 될 것이다 그리하여 내 몸은 가루가 되어 조물주의 손에 의해 반죽이 되고 새로운 형태로 재생될 것이다. 애벌레가 되어서 나비가 된다. 껍질이 깨어지는 아픔 없이는 나비가 되어 날지 못하지 않는가. 나는 나비가 되기 위해서 떠난다. 고래를 잡기 전에는 돌아오지 않겠다.」

김경자 : 병태는 방학기간이 끝나는 무렵, 다음 학기 등록기간에 문득 자신이 무기력하고, 마음과 몸이 나약함을 알고는 기약 없

는 가출을 결심합니다.

박은태 : 친구들과 어울려서 결정하는 것이 아니라 단독으로 결심한다는 것은 요즘의 청년들과는 사뭇 다른 내면을 가지고 있습니다.

윤미순 : 병태는 자신의 가정이 불우하지도 않습니다. 아버지는 산부인과 의사이며 2학기 등록금도 부모님께 받은 상태였고, 불량학생도 아니었습니다.

김성현 : 미란이가 자신의 마음을 몰라주고, 또 미란이에게 사랑한다고 말할 용기도 안 생기니까 현실도피가 아니었는지도 생각해 봅니다.

김경자 : 병태는 밤12시 통금시간을 어겨서 경범죄로 경찰서 유치장에 감금되었습니다. 유치장에서 여유롭고 당당한 거지 민우를 만나면서 내심 민우를 닮아가려고 하지요.

윤미순 : 민우는 당당하고, 모든 일에 해결사로 묘사되며, 소설은 민우가 이끌어 가는 대로 전개되는 듯합니다.

박은태 : 민우는 비원, 동대문, 창경원등에서 왕의 행색을 하며 노숙을 하지만 국보1호인 남대문에서는 잠을 자지 않았습니다. 어지러운 세상이었지만 뚜렷한 국가관과 민족애를 가진 젊은이가 아니었나 생각합니다.

윤미순 : 병태가 굉장히 순수한 모습으로 그려지고 있습니다. 사창가 춘자에게 동정을 잃고 그녀와 결혼을 해야 한다는 생각을

합니다. 그리고 춘자의 영혼을 구원해야 한다고 세 사람은 춘자의 고향인 완도로 떠나잖아요.

박은태 : 병태는 아주 순수한 면이 있지요. 군대를 갔다 오기 전이기도 하지만 80년대의 도시는 성에 대한 문란성의 문제도 노출되지 않았던 때입니다. 오히려 시골에서는 밤이 되면 불빛이 없고 논 밭 등 숨을 수 있는 비밀공간도 많았지요. 또한 가축들이나 동물들의 원초적인 모습을 보고 자라는 환경이라서 시골에서는 성의 문란이라기보다 거부감이 없었다고 보아집니다. 현대사회의 성은 도시든 시골이든 인터넷이란 공간에서 수시로 접할 수 있으니 성의 개념이 많이 무너졌지요.

김성현 : 현시대는 어디서나 쉽게 접할 수 있는 왜곡된 성문화가 자라나는 사춘기 학생들에게도 큰 문제인 것 같습니다.

김경자 : 춘자의 고향인 완도로 가려고 강남에서 자동차를 훔쳤고, 고속도로로 가면서 배가 고파 춘자의 성경 책속에 있는 돈 만원으로 배를 채우지요. 민우는 목적을 위해서는 자동차도 빌리고, 남이 어떻게 돈을 벌었든 상관하지 않고 자기 편한 쪽으로 생각했으며 별 죄책감도 없습니다.

서울 화장실벽의 구역질나는 낙서 보기를 좋아했고, 사창가도 문제없이 드나들었습니다. 사회에 대한 반감을 그런 쪽으로 분출하는 모습을 보이네요.

윤미순 : 병태는 사회에 대한 불만은 없었으며 본연의 학생으로

돌아가기 위한 등록금을 끝까지 지켜냅니다. 2학기 등록금 중에서 삼 만원만 사창가에서 쓰게 되었지요. 동냥을 하는 민우에게도 말을 하지 않고, 온갖 고생을 하면서 말입니다.

김선아 : 춘자의 고향인 완도 중도리까지 가면서 병태의 내면이 변해갑니다. 굶주림과 더위에 지치지만, 병태는 미래가 있는 대학 공납금을 쓰지 않았고, 민우는 거지에게서 훔친 딸랑이를 끝까지 버리지 않음은 언젠가 다가올 희망의 끈을 가지고 있지 않았나 생각합니다.

김경자 : 광주까지 100㎞가 남았지만 자동차가 고장이 나서 고속도로를 밤에 걷는데 허기지고 잠도 오고, 배가고파 트럭휴게소에서 돈을 구하기 위해 민우는 병태가 지쳐 잠을 자는 틈을 타서 춘자에게 성 매매를 시킵니다. 그것을 눈치 챈 병태는 트럭운전사와 생전 처음 싸움을 해보았고, 안경도 부러지고 목숨을 잃을 만큼 두들겨 맞았습니다. 그래도 현실에 대들어 싸웠다는 뿌듯함을 느꼈으며 춘자의 몸이 동물과 별반 다르지 않다는 것을 알고는 잠시 고래잡이 여행을 후회도 했지요.

김성현 : 냉동 탑차 안에서 셋은 얼어 죽지 않으려고 냉동된 고기옆에 쪼그리고 앉아서 각설이 타령에 맞추어 춤을 추며 추위를 이겨내고 광주까지 가게 되지요.

김선아 : 광주터미널에서 완도를 가는 시외버스를 타고 가다가 검문소에서 검문을 받아 내리게 되는데 민우는 벙어리 흉내를

내며 위기를 모면하는 것은, 말을 하고 싶어도 시원하게 뱉지 못하는 그때의 시대상을 표현하지 않았나 생각되네요.

윤미순 : 완도까지 걸어가면서 밤에 바다를 만나게 되는데, 사창가에서 더렵혀진 춘자의 정화의식을 문학적인 표현으로 아주 잘 묘사한 문장이 있는데 소개하겠습니다.

> "갑자기 붉은 태양이 동편하늘에서 솟아올랐다. 그것은 빛의 불덩어리였다. 수평선 너머에서 태양의 불기둥이 번쩍 들어 올려졌다. 역사(力士)의 두 손에서 번쩍 치켜들어 올려지는 엄청난 무게의 역기처럼 지평선은 있는 힘을 다해 빛의 화염을 들어 올리고 있었다. 모든 것이 핏빛으로 물들었다. 파도가 끓고, 밤의 어둠이 일순에 물러섰다. 찬란하게 빛나는 빛이 온누리에 떨어져 흘렀다. 태양이 수평선 위에서 서서히 떠오르고 있었다. 바다는 핏빛으로 물들고 성급한 파도들이 무릎을 꿇었다. 그 찬란한 아침 여명 속에서 춘자는 이제 벌거벗은 몸하나 가득 새로운 빛을 받아들이고 있었다. 그것은 신생(新生)의 대관식이었다. 그녀의 더렵혀진 몸 위에 걸쳐지는 눈부신 빛의 신의(新衣)였다. 그녀의 더렵혀진 몸은 밝아오는 빛으로 정결하게 씻겨 졌으며 그녀의 몸과 빛은 함께 교미하고 몸을 씻고 있었다."

김경자 : 문장마다 힘이 실려 있습니다. 밤의 어둠이 물러서고 찬

란한 빛을 받으며 다시 태어나 새로운 옷을 입는다는 것은 춘자의 재탄생이요, 더럽혀진 영혼을 구원한다는 뜻으로 해석이 되는군요. 여기서 벌써 춘자는 고향땅을 지척에 두고 어머니를 만나기 위하여 몸과 영혼이 정화된 고래가 되지 않았나 생각합니다.

박은태 : 영화에서는 우도 바다를 만나는데 소설에서는 완도 바다가 나옵니다. 이 부분이 소설과 영화의 다른 내용입니다. 하지만 바다를 향하고 고래를 잡으러 가는 내면의 방향은 같습니다. 바다는 밖에 있는 것이 아니고 내속에 있고 고래는 잡아야 하고 찾아야 되는데 소설적인 연결이 약해지면서 빨리 결론을 내린 것 같습니다.

김선아 : 고래라는 것이 무엇을 뜻하는지 궁금했는데 박은태 교수님의 명쾌한 말씀에 감사합니다. 그리고 고래사냥 집필시기와 기간이 궁금합니다.

박은태 : 1983년에 출간된 책이니까 그 이전에 집필을 하신 것 같고 책의 내용으로 보면 집필기간은 그다지 오래 걸리지 않은 걸로 짐작합니다. 1980년대 시대상황을 짐작하시면 될 것 같습니다.

김성현 : 소설에서 고래에 대한 개념이 궁금했었는데 토론하면서 고래는 상징적 의미였다는 것을 알게 되었습니다.

김경자 : 서울에서 우리나라 육지 끝 완도까지 왔습니다. 그곳에

서 자전거를 훔친 이유로 병태와 민우가 주민들에게 두들겨 맞게 됩니다. 그 상황을 본 춘자가 드디어 말을 하면서 소설은 크라이막스에 이르지요.

> "천년의 악몽에서 억눌린 천근의 가위에서 비로소 깨어난 살아 있는 인간의 목소리였다. 녹슬고 닫혀 진 침묵의 대문에서 빗장이 열려진 순간이었다.
>
> "아이고, 어머니, 내가 이제 돌라왔소, 내가 이제 새사람이 되어, 정신 찾아 돌라왔소"

박은태 : 병태는 구체적인 인물로 나오지만 그가 추구하는 것은 매우 추상적으로 끌고 가는 듯합니다. 소설의 결말에 병태가 '이제 난 집으로 돌아가겠네. 공부나 열심히 해야지' 하면서 서둘러 정리를 하며 단순화 시켰다고 보여 집니다.

윤미순 : 그 부분은 저도 공감입니다. 고래는 잡았을까? 나의 고래는 무엇일까를 독자들에게 던져주고 답을 찾으라는 작가의 의도가 깔려 있다는 것을 알 수 있었습니다.

박은태 : 작가는 병태와 춘자를 통해서 사회에서 약한 계층을 구원한다는 의지를 보여 줍니다. 힘이 없는 사람, 나와 다르게 생긴 사람도 함께 살아가며 차이와 다름을 수용하며 상생하자는 내용이지요. 현대 사회는 비슷한 사람끼리 모여 살며 차이와 다름을 인정하지 못해서 소위 '왕따' 같은 사회병리 현상도 나타나지 않

을까요.

정영자 : 왜 지금 와서 고래인가를 생각해 봅니다. 고래는 희망이요 헌신이요 사랑을 내포하고 있는 총체적 의미로 볼 수 있습니다. 개인적인 출세보다는 이웃과 함께하는 공동체 속에서 삶과 희망과 사랑을 보는 것입니다.

고래 맛은 열두 가지나 된다고 합니다. 열두 가지 맛을 통해 우리의 삶을 충족시키는 것이지요. 열두 가지의 맛이 내포하고 있는 것은 꿈과 희망, 조국과 민족애, 이웃사랑, 헌신 등 여러 가지가 있겠지요. 한용운의 '님의침묵'에서 님이란 어떤 한 사람을 지적하는 것이 아니듯이 말입니다. 현대사회의 젊은이들은 조국과 민족과 이웃에 대한 사랑과 열정이 식어 가는데 열두 가지 고래 맛을 음미하면서 우리의 현실을 가다듬어 봐야겠습니다.

울산바다에는 국보 제285호 반구대 암각화가 있습니다. 암각화에는 고대 선사인들이 고래사냥을 하는 그림이 있는데 그들은 먹거리, 즉 생존을 충족시키는 희망을 따라 나섭니다. 배가 나가야 하고 많은 사람이 함께 협업하며 바다에서 죽음을 무릅쓰고 행하는 공동체 정신이 담겨있습니다. 공동체가 함께 바라보는 것은 꿈과 희망이지요.

병태가 고래를 잡으러 나간 세상의 바다는 욕망의 바다이고 소용돌이의 바다, 고뇌의 바다, 투쟁의 바다였고 고향으로 돌아온 춘자의 완도 바다는 정화의 바다요 원형회기, 모성회기의 바다라고 볼 수 있습니다.

김경자 : 정영자 교수님께서 언급하신 고래와 바다에 대한 총체적인 담론에 공감을 합니다. 소설에서 병태가 말하는 고래의 의미가 표현된 내용의 문단을 소개하며 토론을 마치겠습니다.

"난 그 벙어리 아가씰 고래처럼 생각했었어. 내가 건져 올린 고래라고 생각했었어. 고래는 밖에 있는 것이 아니라 내 마음 속에 있었어. 그릇된 신념은 더 많은 죄악을 범할 수 있어. 그 벙어리 아가씰 고향에 버리고 간다는 절대의 명제가 도둑질을, 매춘을 정당화 할 수는 없어. 그렇다고 이렇게 말을 해선 안돼. 하지만 그렇게 했으므로 결국 고향에는 가지 않았느냐. 그럴 바엔 차라리 떠나지 않았던 것이 옳았지. 그들의 매가 나를 깨닫게 했어. 그들의 매야말로 내가 이 세상에서 깨달은 최고의 진리야. 난 이제부터 내 자신에 대해서 준엄한 그런 사람이 되고 싶어. 난 가겠어"

(2014. 12)

삼국유사 속으로

– 수로부인과 헌화가

서양에 그리스·로마 신화가 있다면 동양에는 <삼국유사>가 있다. 남미 안데스 산맥에 서식하고 있는 '칼렌드리라'라는 꽃씨는 10년이나 말라비틀어진 채 사막의 모래 속에 묻혀 있다가, 비가 내리면 일제히 피어나 사막을 온통 붉은 꽃으로 덮어버린다. 죽은 땅이 깨어나 환성을 지르는 형국이다. 씨앗 속에 들어 있는 깊숙한 삶, 그리고 바깥 풍토에 따라 숨기도 하고 겉으로 피어나기도 하는 잠재력이 인간의 삶에도 꽃씨처럼 심층적으로 존재하고 있다고 볼 수 있다. 오랜 세월이 지난 삼국유사의 이야기 속에는 현대인의 잃어버린 고향의 기억과 민족의 자긍심을 깨우치는 체온과 음성이 가슴을 움직이게 한다. 신화란 사막의 땅속에서 꿈꾸는 꽃씨라고도 할 수 있겠다.

<삼국유사>는 고려 충렬왕 때 보각국사 일연이 지은 역사서이며 우리나라의 서사와 신화적 상상력이 담긴 보고이다. 김부식이 지은 <삼국사기>와 함께 현존하는 고대 사적史籍으로서 귀중한 문헌이다.

김부식의 <삼국사기>가 객관적인 사실을 바탕으로 쓴 엘리트 계층의 역사라면 일연의 <삼국유사>는 민간에 돌아다니는 모든 상상력의 원석을 집대성한 것이다. 우리의 정통 역사는 <삼국사기>에 있지만 자연발생적인 스토리텔링의 힘은 <삼국유사>에 있다. 인간의 삶이 보여주는 다양하고 적나라한 모습과 구전되는 이야기야 말로 우리의 진정한 삶을 담고 있는 것이다. 자연스럽고 적나라한 그래서 웃음이 되기도 하고 슬픔이 되기도 하며 진실을 찾아가는 우리조상들의 이야기야 말로 살아있는 역사일 것이다. 뉴턴 이후 서양의 근대 물리학이 모든 물질을 쪼개서 그 근원에 있는 존재를 찾고 있다면, 일연은 생명의 생성과 변화의 이야기를 썼다.

신라 성덕왕 때의 일이다. 순정공이 수로부인과 강릉 태수로 부임되어 가던 길이었다. 일행과 함께 바닷가에서 점심을 먹게 되었는데 곁에는 바위절벽이 병풍처럼 바다를 내려다보고 있었다. 절벽에는 철쭉꽃이 만발해 있었다. 수로부인은 그 꽃을 보고 좌우 사람들에게 말했다.

"누구 저 꽃을 꺾어 줄 사람 없는 가?"

절벽은 너무 가파르고 위험했다. 옆에 있던 하인은 "사람이 오를 수 없는 절벽입니다."라고 말했고 순정공은 까마득한 절벽을 쳐다보며 고개만 흔들 뿐이었다. 이때 암소를 끌고 길을 지나가던 한 노인이 부인의 말을 듣게 되었다. 그는 잡고 있던 암소 고삐를 얼른 놓고 절벽으로 올라갔다. 한 아름의 철쭉을 수로부인에게 건네며 '헌화가獻花歌'라는 노래를 지어서 바쳤다.

자줏빛 바위 가에
잡은 암소 놓게 하시고
나를 아니 부끄러워하면
꽃을 꺾어 바치오리다.

꽃을 바친 노인은 곧 사라져 누구인지 알 수 없었다.

일행은 다시 길을 걷다가 바닷가 정자에서 점심을 먹는데 갑자기 바다에서 용이 나타나더니 부인을 끌고 바다 속으로 들어갔다. 순정공이 놀라 발을 동동 굴렀으나 어찌 할 수가 없었다. 그 때 노인이 또 나타나 말을 했다.

"옛 사람의 말에, 여러 사람의 입은 쇠도 녹인다 했으니 바다의 용인들 어찌 여러 사람의 입을 두려워하지 않겠습니까. 여러 사람이 노래를 부르면서 지팡이로 두드리면 부인을 찾을 수 있을 겁니다."

순정공이 노인의 말대로 했더니 용은 부인을 돌려주었다.

신라를 대표하는 아름다운 여인 수로부인과 신라의 멋쟁이 노인의 이야기가 흥미롭다. 설화에 나타나는 수로부인의 특별한 매혹과 당당함에, 신적 존재라고 일컬어지는 바다의 용까지 탐을 낸 것은 그 시대의 특별한 아름다움을 대변한 여성이었을 것이다. 수로부인의 외적 아름다움은 신성함에 있었는지 시대의 어른이라고 불리는 노인도 그 미美에 마음을 잃었는가보다.

절벽에 피어있는 꽃을 꺾어준 용감하고 열정적인 노인은 현대사회에서 여러 가지로 재해석 되어야할 부분이다. 잡고 있던 암소를 얼른 놓았다는 것은 재물을 포기했다는 것이고, 절벽에 오른 것은 생명을 내 놓았다는 것이다. 죽음을 생명으로, 꽃을 사랑으로, 두려움을 노래로 승화시킨 이시대가 필요로 하는 사람이다. 젊은이 못지않은 행동에서 오늘날 노인을 바라보는 수동적인 편견은 내려놓아야 할 것 같다. 노인이 부른 헌화가는 진실한 문학이었고 수로부인은 문학의 향기를 누린 대상이 아닌가.

해룡이 잡아간 수로부인을 찾기 위해 여러 사람의 입으로 노래를 부르라는 것은 세월을 살아온 경륜의 지혜로 볼 수 있겠다. 그 시대에도 여론은 하늘을 움직였는가보다. 여러 사람의 입질로 수로부인은 결국 돌아오게 된다. 오늘날에도 광장에 모여 자신들의 주장을 펼치는 수많은 민중들이 있다. 혼란한 정국이 회복 될 수 있도록 민심을 하늘에 맡기는 것은 예나 지금이나 변함이 없는 듯하다.

삼국유사 속에는 우리의 과거와 현재, 미래가 고스란히 담겨 있다. 이것이 서로 유기적으로 연결되어 우리들의 존재를 인식시켜 줄 것이고 더욱 의미 있는 현실의 안목이 될 것이다.

(2017. 2. 8)

광덕과 엄장처럼

‘친구 따라 강남 간다.’라는 속담이 있다. 친구는 흉허물을 덮어주고, 서로를 위해서 언제든 달려 갈 수 있고 달려 올 수 있는 존재라고 볼 수 있겠다. 학창시절 집을 떠나 타지에서 공부할 때 방학이면 마을 앞산 마루턱에서 나를 기다리며 고향소식을 한아름 씩 안겨주던 친구가 있었다. 지금 그 자리에는 싸한 찬바람이 지나가고 있다. 이기주의가 팽배한 현대사회에서 친구란 마음을 열어놓고 진솔한 이야기를 나누기보다 경쟁자로 우리 삶에 작용하는 때가 있다.

서로 다른 분야에 있으면 조언과 격려를 마음 편히 해 줄 수 있겠지만 같은 분야에 있다면 본의 아니게 경쟁관계에 놓일 수밖에 없는 것이 현실이다. 아무리 좋은 인간관계라 할지라도 약간의 이기주의와 기회주의가 작용할 것이다.

한국 신화의 보고인『삼국유사』에 광덕과 엄장이라는 두 승려 이야기가 있다. 둘은 사이가 좋아 극락세계로 먼저 돌아가게 되면 서로 알리자고 약속을 했다. 광덕은 처자와 함께 분황사 서쪽마을에 신을 삼으며 살았고 엄장은 남악에 암자를 짓고 살면서 농사를 지었다. 어느 날, 해 그림자가 붉게 물들고 소나무 그늘이 고요히 저물었을 때 엄장의 집 문밖에서 소리가 들렸다.

"나는 이미 서쪽으로 가니 자네는 잘 있다가 빨리 나를 따라오게."

엄장이 문밖으로 나가 보니 구름 밖에서 음악 소리가 들리고 밝은 빛이 땅에 드리워졌다. 이튿날 엄장은 광덕이 사는 곳을 찾아가 보니 광덕이 이미 죽어 있었다. 엄장은 그의 아내와 유해를 거두어 장례를 치르고 부인에게 말했다.

"광덕도 없고 혼자 살기 힘들 테니 나와 함께 사는 것이 어떻겠소?"

광덕의 아내는 바로 수락했고 그날 밤이 되었다. 엄장은 친구의 아내와 잠자리를 하려고 하였으나 부인이 허락하지 않았다. 부인은

"스님께서 극락을 구하는 것은 나무에 올라 물고기를 구하는 것과 같습니다."

엄장이 영문을 몰라 다시 물었다

"광덕은 이미 그러했거늘 나는 어찌 안 된단 말이오?"

그러자 부인은

"남편은 저와 10년을 함께 살았지만, 하룻밤도 자리를 함께 하지 않았거늘 어찌 몸을 더럽히겠습니까? 다만 밤마다 단정히 앉아 한결같은 목소리로 아미타불을 불렀습니다. 또한 밝은 달이 창에 비치는 날이면 온갖 유혹을 물리치고 그 빛에 올라 가부좌를 틀었습니다. 지금 스님이 하는 일은 동방으로 가는 것이지 서방으로 간다고 할 수 없을 것입니다."

부인의 말은 들은 엄장은 부끄러워 물러나와 그길로 원효의 처소로 가서 도 닦는 법을 간곡하게 구했다. 원효는 정관법을 만들어 엄장을 지도했고 엄장은 몸을 깨끗이 하고 잘못을 뉘우쳐 도를 닦으니 서방정토로 가게 되었다.

이 설화는 친구간의 우정을 넘어 도반의 경지로 끌어들여 깨달아가는 정신적인 가치가 아름다움으로 남는다. "나는 서쪽으로 먼저 가네."라는 광덕의 목소리를 듣고 산문 밖을 나서는 엄장이다. 무의식 속에서도 마음과 마음이 서로 통하는 이심전심以心傳心의 세계를 확인할 수 있다. 『삼국유사』 피은편에 바람에 풀이 눕는 방향을 보고 친구가 오고 있음을 알았다는 관기와 도성의 이야기도, 간절하면 마음이 통한다는 것이 아닐까. 오늘날처럼 정보통신이 발달하지 않았기에 그리움은 산을 넘어 바람이 되었을 것이다. 마음은 빛 보다 더 빠르다고 했다. 마음의 속도를 숫자로 헤아릴 수는 없지만 빛 보다 더 빠르게 마음이 움직였을 것이다. 손가락만 누르면 보고 싶은 사람의 소리를 들을 수 있는 지금의 일상이다. 소리를 통해 사람의 마음을 움직이게 한 이야기가 시대를 초월한 일연스님의 통찰을 읽을 수 있다.

광덕의 아내는 분황사의 잡일을 도우는 평범한 여성에서 엄장을 구원하는 지혜로운 신녀로 등장한다. 세상을 살아가는 보통남자의 본능을 절도 있는 구절로 비유하는 말은 작금의 여성시대에 큰 울림을 주는 대목이다. “스님께서 극락을 구하는 것은 나무에 올라가 물고기를 구하는 것과 같다.”, “지금 스님이 하는 말은 동방으로 가는 것이지, 서방으로 간다고 할 수 없을 것이다.”라며 엄장을 부끄럽게 한다. 엄장은 그길로 원효를 찾아 도 닦는 묘법을 받으며 성찰하여 서방정토로 가게 되었으니 오늘날의 멘토를 만난 것이다. 천년이 지난 이야기 속에서 우리는 오늘의 현실을 발견하고 있다. 혼자 해결하기 어렵고 힘든 일이 산적해 있을 때 고민을 상담하고 조언을 해주는 훌륭한 스승이 당연히 필요하리라. 나를 이끌어 주고 인생의 지표가 되는 방향을 안내하는 사람을 만나야 한다는 것은 예나 지금이나 의미 있는 이야기이다.

‘광덕과 엄장’에는 우리의 인생이야기가 오롯이 담겨있다. 친구와의 관계에서 끌어주고 잡아주며 동반자로 살아가는 지혜를, 멘토와의 관계에서 인생의 방향을 찾아가는 정신을 찾는다. 옛 인물들의 삶을 반추하며 오늘 우리가 잊고 있는 것, 놓치고 있는 것을 깨우치게 된다. (2017. 3. 8)

오늘, 왜 김일엽인가

– 제1회 김일엽 학술대회를 다녀와서

국내 유일의 여성문학 전문계간지 『여기』를 발행하는 부산여성문학인협회는 김일엽문화재단의 초청을 받아 취재 길에 올랐다. 충남 한서대학교에서 오후 1시30분에 시작하는 학술대회에 참석하기 위해 새벽 6시에 부산을 출발했다.

일엽스님은 문학과 사상, 여성, 불교 등 다양한 분야에서 후세대에 영향력을 끼친 인물이다. 기독교 목사 아버지 밑에서 자란 김일엽은 기독교와 더불어 근대교육을 받았다. 특히 1920년대 여성작가로서 많은 작품을 남겼으며 남성중심의 사회에서 여성해방의 선구자로 여성의 의식을 계몽하고 혁신하는데 앞장섰다. 1930년대 출가 입산 후에는 모든 활동을 접어두고 인생의 근본문제인 생사해탈에 정진하였다. 선구자적인 그의 사상과 문학적 세계를 새롭게 조명하려는 이번 학술대회에서 그의 폭넓은 삶과 정신세계에 진지하게 귀 기울여야겠다.

1. 방민호 교수(서울대학교)의 〈김일엽문학의 사상적 변모과정과 불교선택의 의미〉

김일엽(1896.4.28.[음]~1971.1.28.)은 남성 중심으로 이해되어 온 한국현대문학사를 새롭게 이해하고 서술하는데 빼놓을 수 없는 중요한 작가이다. 김일엽은 나혜석, 김명순과 함께 1920년대 신여성 작가의 대표성을 지니고 있다. 뿐만 아니라 두 사람과 달리 가장 늦게까지 생존하면서 긴 문필활동의 궤적을 보여주었다. 남성 현대 작가로 이광수가 있다면 여성으로는 김일엽이라고 할 수 있다.

김일엽은 평생에 걸쳐 매우 진폭이 넓은 변화와 진화를 보여준 보기 드문 작가이다. 이노익과 오다세이조, 임노월, 국기열, 백성욱, 하윤실 등 여러 남자들과 차례로 결혼 및 동거하는 험난한 인생역정을 거치면서 다른 작가가 흉내 내지 못하는 드라마 같은 자기획득성을 펼치고 있다. 이광수가 끝내 속인이었던 데 반해서 김일엽은 불가에 귀의하여 만공의 유지를 받들어 30년 동안 산문을 나서지 않았던 것으로 방증된다.

김일엽은 1896년 음력 4월 28일 평남 용강군 삼화면 덕동리에서 부친 김용겸과 모친 이마대 사이에서 장녀로 출생하였다. 부친은 김일엽이 보통학교 진학할 때 즈음에는 목사가 되어 일엽은 기독교에 대한 교육을 정식으로 받게 되었고 서울의 이화학당에 진학하여 십대를 기독교의 압도적인 영향아래서 성장하게 된다. 13세에 모친이 타계하고 동생들이 차례로 세상을 떠난다. 17세에 이화학당에 입학한 이후에는 부친마저 별세하고 외할머니에게 의지하며 성장하게 된다. 갑자기 고아가된 그는 신체장애가 있는 연희전문학교 화학과 교수인 이노익과 결혼을 한다. 남편인 이노익의 원조를 얻어 창간한 ≪신여자≫는 불행한 결혼생활을 사회활동과 문학활동으로 보상하는 것에 가깝다고 볼 수 있다.

이노익과 이혼을 하고 일본에서 오다세이조와 연애상태에서 아이를 갖게 된다. 김태신이 그들 사이에서 태어난 자식이다. 명문가 세이조의 집안에서는 결혼을 승낙하지 않았고 실의에 빠진 일엽이 새롭게 만난 사람이 임노월이다. 임노월은 김명순, 김일엽과 차례로 동거하면서 그들의 삶과 문학사상에 지대한 영향력을 행사했다. 임노월은 신개인주의적 예술지상주의를 피력했지만 일엽을 구원해 줄 수는 없었다. 임노월은 이미 결혼해서 고향에 아내가 있었으며 두 사람의 관계는 문단에 알려지게 된다. 부르조아 제도에 의해 보호되는 부부생활의 가능성이 사라진 자리에서 새로운 구원의 가능성으로 나타난 것이 바로 불교다. 불교는 여성해방을 추구하면서도 부르조아적 결혼제도에 대한 환상을 버리지 못했던 일엽에게 새로운 구원과 해방의 논리로 나타난다.

임노월과 관계를 청산하고 ≪동아일보≫에 글을 쓰게 된 것이 인연이 되어 기자인 국기열과 잠시 동거한다. 이후 ≪불교≫를 통한 집중적인 문필활동을 펼친다. ≪불교≫지에 백성욱과 김일엽의 글이 같은 지면에 실리면서 두 사람의 만남과 헤어짐은 자연스럽게 이루어진다. 백성욱이 불교신문사 사장으로 취임하면서 7,8개월간에 걸쳐 사랑을 나누게 되지만 백성욱이 두 사람 사이의 인연이 다하였다는 편지만 남기고 떠나버리면서 마지막을 맞게 된다. 불교로의 방향전환에는 백성욱과 같은 '자아'에 대한 새로운 불교 지식인의 세련된 구원논리가 작용하고 있었다.

백성욱과 헤어져 방황하던 김일엽은 1929년 8월경 대구사람으로 보성고보에 재직하던 재가승 하윤실과 경북 영천에 있는 한 사찰에서 결혼식을 올리고 서울 성북동에 신혼살림을 차린다. 그러나 정신적 각성을 주지 못하는 남편과의 불안한 평화는 오래가지 못한다. 1933년 여름 김일엽은 다시 한 번 가정생활을 박차고 나와 아예 비구니가 되는 길을 선택한다. 수덕사에 머물면서 수도와 포교에 전력을 기울여온 만공 선사의 문화에서 출가를 결행한 것이다.

일엽스님이 만년에 이르러 저술한 ≪청춘을 불사르고≫(문선각, 1962)에 실린 산문에는 만공의 선사상을 섭렵한 김일엽의 세계인식 방법과 내용이 정연하게 드러나 있다.

낡은 제도와 관습을 거부하고 여성으로서의 욕망과 정념에 충실하고자 했던 여성해방논리가 오히려 그녀 자신을 절망의 나락으로 떨어뜨리는 경험 속에서 김일엽은 정 반대의 노선을 택했다. 즉 여성으로서의 '나'라는 자아를 무화시키는 선불교적 실천을 통해서 그녀 자신의 삶을 근본적으로 새롭게 만들고자 했던 것이다.

2. 유진월 교수(한서대학교)의 〈김일엽과 문화컨텐츠 활용 방안〉

1993년 <쥬라기공원>이라는 한 편의 영화가 전 세계에서 벌어들인 돈이 우리나라에서 자동차 150만 대를 수출해야 벌 수 있는 돈이라는 것을 알았을 때 한국은 큰 충격을 받았다. 그때까지 국가경제를 떠받치는 것은 중공업 중심의 경제활동이라는 고정관념을 가지고 있다가 굴뚝 없는 문화산업 영역이 경제의 훌륭한 원동력이 될 수 있다는 인식을 하게 된 것이다. 이는 정부가 콘텐츠 산업에 관심을 갖고 본격적인 지원을 시작한 계기가 되었다.

이러한 시대적 사회적 상황에서 김일엽(1896~1971)이라는 한국 근현대사의 중요한 인물을 지역의 문화컨텐츠로 활용하는 방안을 고찰하고자한다. 김일엽은 한국문학 1세대 여성작가이자 신정조론을 주창한 여성운동가이며 여성잡지 <신여자>를 출간한 저널리스트로 문명을 떨치다가 세속의 삶을 접고 승려가 되었다. 30년 이상의 절필로 세간으로부터 잊힌 듯 했으나 <청춘을 불사르고>라는 불교와 문학이 어우러진 한 권의 책을 통해 다시 세상에 말을 걸었을 때 사람들은 열화와 같은 반응을 보였으며 그 명성과 영향력은 오늘날까지도 계속되고 있다.

작가, 여성운동가, 저널리스트, 승려로서의 다채롭고도 역량있는 삶은 한국 문학사와 여성사, 불교사에 큰 족적을 남겼다. 이러한 인물을 오늘의 지역사회에서 선양하고 지역의 문화컨텐츠로 활용하는 것은 매우 시급하고도 중요한 당면과제라고 할 것이다.

근대를 대표하는 여성문인이자 최초의 페미니스트라는 점에서 김일엽과 나혜석은 늘 함께 거론되는 인물이다. 나혜석과 수원시, 만해 한용운과 강원도 인제를 비교 검토해 보면서 향후 김일엽의 문화컨텐츠 사업의 방향성과 비전을 설정하는데 중요한 지침이 될 것이라고 본다.

– 나혜석과 수원시의 사례

나혜석(1896~1948)은 우리나라 최초의 여성화가이다. 진명여학교 수석졸업으로 신문에 이름이 오른 후 최초의 여성화가, 작가, 페미니스트로서 한국근대사에 중요한 업적을 남긴 인물이다. 1995년 평범한 수원시민 유동준 회장이 '정월나혜석 기념사업회'를 발족함으로써 나혜석의 고향인 수원에서 나혜석을 되살리기 위한 자발적인 시민운동이 본격적으로 시작되었다. 이 기념사업회의 활동으로 나혜석 되살리기가 본격화 된지 올해로 20년이 지났다. 한 시민의 자발적인 열의로 시작된 이일은 20년동안 큰 성과를 냈고 시민의 노력에 지자체가 힘을 보태면서 점차 확산되고 큰 결실로 이어진 사례이다. 나혜석은 현재 수원화성을 세운 조선시대 성군 정조와 함께 수원시의 대표브랜드 인물로 지정되어있다. 진보적 페미니스트인 나혜석이 오늘의 여성상을 잘 반영하므로 신사임당이 아닌 나혜석이 오 만원 화폐의 인물이 되어야 한다는 주장이 있을 정도로 한국사의 대표적인 여성인물로 자리매김 되었다. 나혜석의 사례는 지역사회의 문화적 인물을 재조명하고 의미를 부여하려는 시민과 지자체의 협동의 성과를 잘 보여준다.

– 만해 한용운과 만해사상실천선양회(조계종),강원도, 인제군, 동국대학교 사례

만해 한용운(1879~1944)은 한국문학사의 대표적인 시인이자 불교계의 선승이며 독립운동가로서 일제 강점기에 민족의 등불로서 위대한 족적을 남겼다. 그의 문학적 성취는 한국 문학사에

서 가장 위대한 성취 중의 하나이며 그를 중심으로 한 지역연계 문화사업은 그의 명성에 비례하듯 가장 성공적으로 자리잡았다. 한용운은 충남홍성에서 태어났지만 26세에 백담사로 출가하고 그곳에서 <님의침묵>과 <조선불교유신론>을 썼다. 그러한 연고로 오늘날 강원도일대가 만해사상의 본산으로 자리잡게 된 것이다. 대개의 경우 출생지 중심으로 문화사업이 추진되는 것과는 달리 그 인생에서 사상의 중요성이 강조되어 출생지가 아닌 지역에서 상징적 인물이 된 특이한 경우이다.

한국근대사의 탁월한 인물을 문화컨텐츠화 하고 있는 두 지역의 예를 비교 검토한 결과 우선적으로 인물이 가진 의의를 정립하고 지역민의 동의과정을 얻는 것이 기본이 되어야 할 것이고 참신한 아이디어가 있어야 할 것이다. 그 아이디어를 구체적으로 실현할 수 있는 지자체의 재정적 지원이 뒷받침 되어야만 진정한 성과를 얻을 수 있을 것이다. 이를 위해서는 지방정부의 역할이 매우 중요하다. 문화상품의 대표성 브랜드와 문화산업의 질적 경쟁력 확보를 위한 자금의 확보와 육성, 문화산업간 네트워크의 구성, 생산 및 유통의 선진화 등을 지자체가 특히 중점을 두어야 할 기본요소로 들 수 있다.

김일엽의 문화컨텐츠 방안으로는

첫 번째, 문학적 측면에서 보면 김일엽의 일생이나 그의 작품을 컨텐츠로 개발하는 것이고 다음은 김일엽 문학관 건립을 들 수 있다 또 그의 문학적 가치를 되살리고 후배양성에 영향을 주기 위해서 '김일엽문학상'을 제정할 수 있다. 그리고 김일엽의 흩어져있는 글들을 모두 모아서 완성된 전집을 출간해야한다. 김일엽의 컨텐츠화에 있어서 문학은 가장 생산적인 결과를 거둘 수 있는 중요하고도 기본적인 부문이라고 할 수 있다.

두 번째, 여성적인 측면에서 보면 1920년도에 신여성의 리더이자 여성문학1세대인 김일엽은 여성의 힘으로 만드는 본격 여성지를 표방하고 <신여자>를 창간했다. <신여자>는 4호로 단명했지만 남성이 주도하는 공적담론 형성과정에 여성이 스스로 길을 열고 능동적 주체로 참여하여 당시의 남성담론과는 다른 양상을 보여준다는 점에서 높이 평가 할만하다. 오늘날 여성잡지라고 지칭되는 잡지들은 주로 패션중심의 화려한 화보로 이루어져 여성의 외모중심주의를 조장하여 읽을거리로는 연예인의 가십거리나 제공하고 있는 상황이다. <신여자>의 복간은 김일엽을 오늘에 되살려 여성들의 새로운 담론의 장을 마련하는 중요한 사업이 될 것이다.

세 번째, 불교적 측면에서 보면 1933년 참'나'를 찾고자 하는 일념으로 출가하여 1971년 입적하기까지 40여 년간 수행함으로써 경허선사에서 만공스님으로 이어지는 한국선불교의 계보를 잇고 있다. 수덕사는 일엽스님의 중요한 유적지이다. 따라서 그

뜻을 기리는 차원에서 수덕사와 견성암, 환희대를 잇는 <힐링테마파크>를 조성하고 불교의 도를 배우고 사찰체험을 하는 등 힐링코스를 마련하여 여가문화의 확산과 현대인의 지친 심신을 치유하는 차원에서 매우 유익한 일이라고 하겠다.

네 번째, 통합적 측면에서 보면 여러 가지 사업들을 순차적으로 시행할 수도 있지만 모든 안을 통합하여 종합적 테마파크를 조성하는 것이 궁극적 과제가 될 수 있다.

김일엽문화제는 철저한 기획을 기반으로 해서 기존의 지역축제와는 확연히 차별화되는 문화적 축제로서 품위 있고 개성 있는 창조적 역량을 보여 줄 수 있어야 할 것이다.

3. 김주리교수(한밭대학교)의 〈김일엽 문학 연구의 현재와 과제〉
– 김일엽 문학연구의 방향에 대한 제언

일엽 김원주는 1920년대 잡지 <신여자>의 주간으로 식민지 근대 조선의 담론 장에 등장한 이래 나혜석, 김명순 등과 함께 1세대 여성작가로서 1920년대 신여성의 대표적 인물로 조명되어 왔다. 시, 소설, 수필, 논설 등을 넘나드는 김일엽의 다양한 글쓰기는 나혜석, 김명순 등 1세대 여성작가의 글쓰기와 비교 대조된다. 1920~30년대 남성지식인 담론 장에서 김일엽의 삶은 연애 스캔들로서 공론화되는 가운데 신여성의 성적 타락과 허영을 보여주는 사례로 단정된다.

<나의정조관>으로 대변되는 급진적 페미니즘 사상과 실천, 모태기독교에서 출발해 불교에 귀의하는 신앙적변화의 이력은 식민지 가부장제의 과도기적 현실 가운데 환멸과 좌절을 경험해야 했던 1세대 신여성의 보편의 문제로 기록된다. 김일엽의 사상은 <신여자>권두언 등에서 출발해 <나의정조관>에 이르기까지 여성의 권리와 의무 양성평등에 대한 지향, 여성교육에 대한 요구와 여성의 육체를 둘러싼 가부장적 현실에 대한 저항 등에서 일정한 목소리를 낸다고 설명되어왔다. 잡지<신여자>는 '여성들의 손으로 이루어진'을 표나게 내세우는 여성교양잡지로서 많은 연구의 대상이 되어왔다. 그러나 그의 사상과 실천을 일관된 자유주의적 페미니즘의 관점에서 고찰하는 연구들은 자유연애를 절대화하고 정조 관념을 타파하는 급진적 입장으로부터 30년대 이후 그가 일체의 애욕을 끊고 불교에 귀의하게 되는 과정에 대해서 일관성 있게 설명하지 못한다는 한계를 갖는다.

김일엽의 생의 이력과 사상의 거처는 일본 유학 가기 전에 이화에서 나와서 소학교 교원으로 있었고 <신여자>라는 잡지의 주필로 있다가 스물네살에 일본유학을 한 것이다. 일본에서 R이란 사람과 사랑하는 사이였으나 여의치 못하였고 혼자 3년간 살다가 B와 사귀게 되었는데, 불교기관지인 <불교>라는 잡지문예난 책임기사를 쓰게 된 후였다.

유고<일엽소전>에서 20대 이후 자신의 삶의 이력을 일본유학 <신여자> 주간, R(임노월)과의 사랑, <불교>지 기자생활, B(백성욱)와의 사랑과 이별, 출가로 요약하고 있다. 기존 연구사에서는 이러한 생의 이력에서 <신여자>출간 전후의 상황, 임노월, 백성욱과의 사랑이나 출가의 과정 등은 비교적 소상히 밝히고 있으나 두 차례 일본 유학생활, 소학교 교원생활, <불교>지 기자생활 등에 대해서는 설명이 부족한 상황이다. 유학이나 독서체험 교우관계나 계모, 의붓동생들과의 관계, 고아로서 성장한 방랑의 이력 등에 대해서는 많은 것이 공백으로 남아있다.

그녀가 이화학당을 졸업한 시기가 1915년부터 1918년까지 이루어졌으며 이에 따라 첫 남편 이노익과의 결혼 이후에 유학을 한 것은 아니란 사실, 나혜석과의 교유가 1차 동경유학시기에 이루어졌을 거라는 것조차 최근에야 밝혀진 사실이다. 그러니 여전히 김일엽의 2차 동경 유학시기의 경험과 이력, 불교에의 감화를 받은 시기나 출가를 결심하기까지 내면의 변화를 추동한 사건, 그녀의 독서체험이나 사상적으로 교유한 지식인, 출가 이후의 삶과 여승으로서의 교유 등에 대한 많은 부분이 모호한 상황이다.

작품연구의 과제로는 여성작가로서 김일엽의 위치는 당대 남성 지식층의 담론에서 끊임없이 의구심의 대상이 되어왔다. 그녀 삶의 이력이나 가치관, 신여성 자아의 의식을 구명하는 단서로서 취급되고 있을 뿐 작품자체의 내용적, 형식적 가치에 대한 논의가 부족한 형편이다. 김일엽의 문학작품에 대해서는 현재까지 <봄>을 비롯한 시72편, <계시>를 비롯한 소설18편, <어머니의 무덤>을 비롯한 일제 강점기의 수필들과 60년대 이후 <청춘을 불사르고>를 비롯한 고백록 계열의 수필들로 분류되는 듯하다. 시에 대한 연구는 대체로 여성계몽의 의도를 드러내는 초기 시부터 내면의 서정성을 환기하는 시편들(시조계열의 시편들), 불교적 도구의 자세를 보여주는 후기 시편들로 변화해 간다고 설명된다. 그러나 새로이 발굴되는 시편들이 있고 불교 입문이후에 쓴 시들의 경우 수행을 통한 깨달음과 연관되어 있는 만큼 종교시의 관점에서 더 많은 분석이 이루어져야 할 것이다.

4. 마치며

학술지에 발표한 연구논문을 대략적으로 압축 요약해 보았다. 한국 근, 현대 여성문학가의 사상과 문학세계를 발표하는 한서대학교 도서관은 뜨거운 열기와 진지함으로 가득 했다. 치열한 불꽃으로 살다 간 그의 정신세계를 현시대에 들고 나와서 연구를 하는 데는 커다란 가치와 의미가 담겨 있을 것이다. 근대사를 선구자적인 열정과 페미니즘으로 여성들을 개화시키고 혁신시킨 그의 삶과 문학에는 큰 울림이 있다.

한 여성의 질곡 많은 인생사로 알고 흘러버릴 일이 아니다. 그의 새로운 문학적 업적과 시대를 앞선 다양한 분야의 활동은 오늘을 사는 현대인들에게 큰 가르침으로 다가올 것이다. 근대 열정의 여성 지도자로서 사회변화에 행동으로 실천한 그의 삶을 통하여, 앞으로 우리는 어떻게 살아야 하는지 방향을 설정하며 현대사회를 살아가는 지침서가 될 것이다. 제1회 김일엽학술대회는 여성문학가를 심도 있게 연구하는데 기틀이 될 것이라고 믿는다.

다이내믹 부산 한국의 역동

– '왕비의 잔치'를 관람하고

매력에 빠져 들었다. 매력은 사람을 끌어당기는 어떤 힘이다. 우아해서 좋은 춤이 있고 애절함으로 마음을 파고드는 음악도 있을 것이다. 전통춤과 음악, 그리고 풍물이 어우러진 '왕비의 잔치'는 뜨거운 여름밤의 허한 심장을 신명과 역동으로 가득 채웠다.

국립 부산국악원이 주최하는 '왕비의 잔치'를 관람했다. 해운대 그랜드 호텔 지하상설 공연장이다. 왕비의 잔치는 총 5부로 진행되는데, 왕의 아내이며 온 나라 만백성의 어머니인 그녀가 나라의 안녕과 풍성한 미래를 약속하는 잔치를 연다는 스토리가 있는 국악공연이다.

공연10분전 우리의 전통 옷을 입고 출연진 몇 사람이 관객들에게 재담을 건네며 등장했다. 전통놀이 체험마당을 선보이고 관객과 소통하려는 색다른 노력에 기대치가 올라갔다. 본인을 광대라고 소개하며 해설을 맡은 재주꾼이 판소리하듯 시작을 알리면서 무대는 열린다.

첫 번째 무대는 처용무다. 사람의 얼굴보다 훨씬 큰 탈을 쓴 다섯 명의 처용들이 오방색 옷을 입고 힘차고 화려한 격조의 춤을 춘다. 궁중 연례에서 악귀를 몰아내고 평온을 기원하거나 음력 섣달 그믐날 악귀를 쫓고 복을 구하며 춘 춤이다. 첫 무대의 기원을 바라는 의미가 있는 춤인 것 같다.

2부, 천상의 잔치에서는 왕과 왕비의 춤이 돋보였다. 전통예술과 최첨단 기술의 환상적인 만남이다. 한 나라의 왕과 왕비는 하늘이 주신 인물인 것을 상징한다. 음악과 춤으로 하늘에 제를 올려 왕과 왕비를 청하니 부산 금정산의 금어설화가 품은 금어金魚와 청어靑魚가 왕과 왕비로 내려온다. 백성에게는 축복이고 나라에는 기쁨으로 피어난다. 왕과 왕비는 서로를 알아보며 세상에 평화가 온 것을 기뻐하며 사뿐사뿐 신비로운 몸짓으로 춤사위를 펼친다. 하늘이 보내준 선녀가 불로장생의 복숭아를 바치며 왕과 왕비의 장수와 복을 기원하고 태평성대가 시작된다. 앞자리에 앉아서 보니 그들의 표정과 움직임, 숨소리 까지 느낄 수 있어 배우가 된 듯 긴장감도 밀려온다. 비칠 듯 비치지 않는 하늘하늘하야 옷을 입은 왕과 왕비의 모습은 하늘을 나는 듯 신비하여 내가 무대 안으로 빨려 들어갈 것만 같다.

3부, 궁중의 잔치에서는 대례복 퍼포먼스가 숨을 죽이게 했다. 백성들의 정성을 고맙게 여겨 왕비가 열여섯 겹의 옷을 입는 과정을 보여준다. 대례복의 오방색에는 자애, 정직, 예절, 청렴, 지혜의 뜻이 담겨있다. 열여섯 겹의 대례복을 입으며 한 겹 한 겹 백성들의 슬픔과 고통을 헤아리고 그들의 삶속에 행복과 평안함이 깃들기를 소망할 것이다.

왕비가 입은 대례복의 화려함은 한복의 아름다움을 한층 돋보이게 하였다. 부산이라는 국제 관광도시에 외국인 관광객들에게 한복의 아름다움을 알리는데도 기여할 수 있는 좋은 공연이라는 생각이 들었다. 머리에 쓴 가채는 왕비에게는 힘든 무게 이었지만 화려한 한복과 어우러져 품격이 살아나는 완성된 아름다움으로 다가왔다.

시중을 드는 상궁들의 손은 흰 천으로 감싸져 있어 왕비가 고귀한 존재임을 나타내고 옷 입는 가림 막 뒤편에서 빛을 비춰 왕비의 모습이 실루엣으로 움직인다. 옷을 갈아입는 위쪽에서는 가야금과 대금, 장구로 전통음악이 연주되고 영상은 농촌에서 백성들이 밭일을 하고 있는 배경이다. 궁중과 대중의 삶이 함께 펼쳐지는 장면이다. 평화롭다.

4부, 백성의 잔치에서는 판소리 음식가와 동래학춤이 눈길을 끌었다. 부산의 산과 바다에서 맛볼 수 있는 각종 음식을 들고 나와서 신명나게 노래판을 벌인다. 남자 재주꾼이 휘모리장단에 맞춰 랩 하듯 음식이름을 줄줄 외고 부산사투리로 '이모~' '와~ 예~' 등의 대화를 하면서 부산의 맛을 한껏 살린다. 객석모두가 부산사람이 되었다. 동래학춤은 부산 동래에서 전래되는 춤으로 학의 몸짓을 연상하여 맑고 우아한 학의 움직임을 민속적인 춤으로 표현했다. 검은 갓에다 소매가 길게 늘어진 흰 도포, 바지저고리, 버선과 미투리를 신고 있다. 주된 춤사위는 학이 날개를 벌려 날아가는 것처럼 양손을 어깨 위로 올려 상하로 너울거리면서 가볍게 뛰는 듯하면서 구부리고, 걷는 듯하면서 날아갈 것 같은 섬세하고 부드러운 움직임이 영상과 전통음악의 힘을 입어 더욱 실감난다.

5부, 화합의 잔치에서는 북의 대합주로 하나가 된다. 꽹과리와 장구, 북, 징으로 구성된 사물놀이의 울림은 끓어오르는 우리의 피를 신명으로 불러들이기에 충분했다. 다양한 종류의 북과 열정적인 무용수, 연희패들의 움직임은 한국 춤과 함께 다이내믹한 전통음악으로 객석과 무대는 하나가 되었다.

국악은 지루하다는 편견을 깨는 획기적인 공연이었다. 휘몰아쳐 불어오는 태풍이 깊은 바다를 뒤집듯 부산의 기질이 담겨있었다. 전통과 현대감각이 조화롭게 어우러지는 가운데 흥과 신명이 넘치는 한국적인 장이었다. '왕비의 잔치'공연은 국내외 관광객들에게 한국 전통공연예술의 우수성을 알리는 질 높은 문화 향유의 기회가 되리라고 믿는다. (2016. 7. 30)

그곳에 가다

모하비 사막에 피는 꽃

– 미 서부 여행기

기다리던 미 서부 문학기행이 시작되었다. 약 열한시간 비행 끝에 LA공항에 도착했다. 낯선 이국공항에서 설익은 언어와 미소로 입국절차를 마치고, 긴장과 설렘을 가득담은 버스는 로스엔젤레스를 벗어나고 있다. 창밖으로 보이는 것은 낮은 산과 밋밋한 들판뿐이다. 지루함이 고개를 들 때 곡선이 아름답고 아기자기한 한국의 산과 들이 벌써 그리워진다.

두 시간쯤 달렸을까 광활한 평원이 눈앞에 펼쳐진다. 눈과 입을 화들짝 열었다. 서부영화에서 보던 그 모하비 사막이다. 사막이라고 하면 『어린왕자』에서 나오는 은빛 모래사막이나 몽골에서 보던 흙먼지 사막을 연상했는데 여기는 낮은 풀과 자갈이 조화롭고 가끔씩 하늘을 향해 두 손 펴고 있는 선인장도 볼 수 있다. 물 없고 뜨거워도 그 안에 많은 생물을 품고 사는 사막, 그 속에 깃들어 사는 선인장, 땅을 뒤덮고 죽은 듯이 뒹구는 덤블링 트리, 그 강한 생명력에 고개 숙여진다. 사막 한 가운데는 길고긴 화물기차의 행렬이 황무지속의 진주로 보인다. 이곳을 달리는 기차를 마일 트레인(mile train)라고 부르는데 그 길이가 1마일에 해당하여 붙인 이름이라고 한다. 가도 가도 끝없는 사막이다. 거대한 사막 아무도 손대지 않는 이 광야에 한국에서 가지고온 오밀조밀한 내 가슴을 확 풀어 던진다. 가슴이 뻥 뚫린다. 하루 종일 지지 않을 것처럼 이글거리던 태양이 지평선에 걸린다. 흥건하게 물드는 석양이 아쉽다.

그랜드 캐니언

다음날, 새벽 다섯시 호텔을 출발해서 그랜드케니언을 향한다. 버스에서는 인디언의 노래가 흘러나오고 사이사이에 한국의 대중가요 '그리움만 쌓이네' 가 향수를 자극한다. 창밖에는 오늘도 사막이다. 어제와 다른 풀들이 진한 초록으로 생기 있다.

멀리 보이는 산들은 서로안고 안아주며 하얀 구름을 머리위에 이고 있다. 시원하게 뚫린 도로에는 차들도 한가하고 바람도 여유롭다.

드디어 그랜드캐니언 미국 국립공원이다. 절벽위에 있는 전망대에 올라서니 겹겹이 이어지는 장대한 계곡에 두 눈이 모자란다. 사진에서만 보고 들었던 바로 그곳이다. 깎아지른 절벽이 수 만 가지 모양으로 조각되었다. 과연 신이 만든 조각공원이다. 죽기 전에 꼭 가봐야 할 곳으로 선정된 그랜드 캐니언 정말 위대한 협곡이다. 지금 이 자리에서 과거와 현재를 동시에 보고 있다. 대협곡의 끝은 어디이며 저 아래 콜로라도 강은 어디로 흘러가는지.

대자연의 위용 앞에서 한 낯 티끌과 같은 존재지만 수 억 년 된 협곡의 빛과 에너지를 두 손 들어 온 몸으로 받아간다.

다섯 시간을 달려서 사막위의 도시 라스베가스에 도착했다. 한국인이 운영하는 식당 '김치'에서 이른 저녁을 먹었다. 된장, 불고기, 콩나물무침, 새콤하게 맛이든 깍두기 반찬이다. 음식으로는 여기가 한국인지 미국인지 가늠이 안 된다. 집에서처럼 된장에 콩나물을 썩썩 비벼 김치를 걸쳐먹는다. 꿀맛이다. 지친 피로감도 사라진다.

베네시안호텔

밤의 도시, 환락의 도시, 도박의 도시로 알려진 라스베가스 야경을 둘러본다. 호텔마다 이색적인 볼거리로 휘황찬란하다. 베네시안 호텔 2층을 들어서자 수상도시 이태리 베네치아를 그대로 옮겨놓은 풍경이다. 실내에는 흐르는 물에 노를 젓는 뱃사공의 노래가 들리고 하늘에는 흰 구름 두둥실 떠다니니 밤인지 낮인지 구분이 되지 않는다. 분명 호텔 내부인데 실외로 잠시 착각한다. 세계 각국의 사람들이 모여들어 베네치아 분위기에 흠뻑 빠져들며 무대에서는 오케스트라연주가 시작되고 대한민국 애국가와 아리랑 멜로디가 들려온다. 주위 아랑곳 하지 않고 소리

내어 따라 부른다. 지도 밖에 나가면 모두 애국자가 된다더니 가슴 뭉클하다.

벨라지오 호텔의 음악 분수 쇼는 부산 광안대교에서 벌어지는 불꽃쇼와 비교해 볼 때 그다지 화려하지는 않다. 부산의 국제적인 위상에 뿌듯해진다. 윈 호텔의 르레브 쇼는 가히 충격적이다. 물속에서, 공중에서 꿈을 꾸듯 오르고 내리는 배우들의 휘어지는 몸놀림에 숨죽인다. 물은 부드럽다. 삶에서 강한 것은 반드시 부러진다는 것을 매 순간 느끼며 물을 통해 인생을 배운다. 배우들이 물속에서 나와서 물속으로 사라진다. 물속에서 새로운 내일을 만들어 내겠지. 잠들지 않는 곳, 라스베가스의 일탈, 빛과 그림자, 동전의 양면이 공존하는 환락의 도시에도 시간은 저문다.

자연이 빚어낸 거대하고 웅장한 대협곡 그랜드 캐니언과 인간이 만들어낸 환락의 도시 라스베가스, 그리고 황량한 사막에서 군락을 이루며 서로 의지하며 낮게 피는 덤블링 트리를 만났다. 기쁨과 기대와 좌절과 욕망의 옷을 수시로 갈아입는 인간들에게 대자연은 커다란 가슴과 자유, 생명의 꽃을 보여주었다.

(2014. 6. 24)

천사의 섬으로

등가방 하나 메고 훌쩍 떠난다. 하늘이 높고, 따사로운 햇살이 실바람을 불러오는 10월이다. 부산을 출발한 버스는 전라남도 신안군 증도와 압해도를 향해서 달리고 있다. 신안군에는 1004개의 크고 작은 섬이 자리하고 있다. 숫자를 감성으로 활용한 신안군은 1004(천사)의 섬을 곳곳에 알리며 뭇사람들의 호기심을 자극한다. 천사는 눈으로도 볼 수 있지만 마음으로 보는 것이 진짜라고 하니 한 번쯤은 가봐야 느낄 것이리라.

증도를 가는 길에 담양 메타세콰이어 가로수 길에 들렀다. 아직은 초록색 옷을 입은 가로수는 반듯하게 줄을 서서 일행을 맞이한다. 조용하고 시원스러운 길이다. 길가에는 갖가지 옷을 두른 허수아비들이 반가운 표정으로 말을 걸어오고 아름드리나무는 껍질이 두껍다. 살아온 세월만큼이나 두꺼운 껍질마다 세상

담양메타세콰이어 가로수 길

이야기를 담고 있는 것 같다. 잎과 잎이 서로 만나서 하늘을 가리니 초록터널이 되었다. 초록은 마음을 편안하게 해주고 아픈 마음을 치유해주며 희망을 불러주는 색이다. 도시에서 가져온 탁한 마음을 초록 잎과 주고받으며 정화시킨다. 춘천에 있는 남이섬의 메타세콰이어 길을 걸을 때에는 나무보다 사람이 빽빽했었다. 나무를 만난 추억보다 사람구경이 오래 기억 되었는데 거기와는 사뭇 다르다. 과연 '전국 아름다운 숲 대회'에서 대상을 받은 명품 숲길답다.

가로수 길에서 힐링의 시간을 보내고 담양에서는 최고의 맛 집이라고 하는 '풍미식당'에 들어선다. 전라도 여행은 음식에 대한 기대도 한 몫 하는데 식탁위에는 벌써 몇 가지 반찬이 출출한 여행객을 기다리고 있다. 남도를 대표하는 세발낙지, 게장, 낙지무침, 삼합요리가 나온다. 또 여느 음식점에서나 흔히 먹을 수 있는 생선조림, 육회, 버섯전골, 오리고기, 갈비찜 등 풍미 정식요리가 차례대로 줄선다. 태어나서 처음으로 '삼합'이라는 것을 맛보았다. 접시에 홍어, 돼지수육, 묵은 김치가 얹혀 나오는데 이 세 가지가 삼합이라고 한다. 홍어는 고약한 냄새 때문에 눈길도 가지 않던 음식인데 김치와 돼지수육을 곁들여 먹으니 냄새가 없다. 보쌈을 먹는 듯하면서도 남도의 짭쪼름한 감칠맛이 입속에 향으로 달라붙는다. 홍어의 편견을 덜어낸 날이다. 한 가지 음식이라도 그 지방의 독특함을 맛보았으니 여행의 특별한 덤을 얻었다.

가을이 익어가는 한가한 도로를 한참 달리니 천사의 섬 신안군 증도의 팻말이 일행을 반긴다. 증도입구 짱뚱어 다리에는 '한국인이 꼭 가봐야 할 국내관광지 100선' 리스트가 적혀있다. 그 100가지 중에서 신안 증도가 2위라는 입체적인 선명한 문구가 두 눈을 고정시킨다. 대망의 1위는 홍도라고 하니 신안군이 홍도와 증도로 금메달, 은메달을 독식했다. 다리아래 갯벌에는 작은 눈이 볼록 튀어나온 짱뚱어가 시끄러운 세상의 소리에 찰진 흙속으로 재빨리 꼬리를 감춘다. 끝없이 넓은 진회색 갯벌에 꿈틀

증도 짱뚱어다리

거리는 생명, 그것이 모두 보물이다.

일몰을 보기위해 서둘러 소금밭 낙조전망대로 오른다. 얕으막한 언덕을 약 7분쯤 걸으니 남도의 하늘과 소금밭이 오렌지색으로 어우러졌다. 숨이 멎을 듯한 고요함이 서서히 내려앉고 산위의 그림자도 숨을 죽인다. 이 고요함이 내일의 새로움을 잉태시키는 에너지가 될 것이다.

어둠이 내린 증도의 밤은 이국적이다. 까만 하늘은 손에 잡힐 듯 가깝고 야자수 나무가 불빛아래 한가롭다. 엘도라도 리조트

위에도 작은 별빛이 흐른다.

검붉은 바다위에 동글동글 하얀 해가 솟아오른다. 증도에서 새로운 날이 시작되었다. 이른 아침 숙소 가까운 해변을 걷는다. 곡선으로 펼쳐진 부드러운 해안선을 어린아이처럼 따라다니는 하얀 파도가 정겹다. 하얀 모래위에 발자국은 누군가의 여름이야기가 실려 있고 그 발자국 위에 또 다른 이야기가 걸어간다. 그 자국들은 파도에 씻겨서 바다로 사라진다. 바다는 모든 것을 알면서도 모든 것을 덮어주는 포근한 어머니다. 모두를 용서하며 보듬고 싶은 마음으로 수평선을 바라본다. 바다위에 군데군데 작은 아기 섬들을 품을 수 있는 깊고도 넓은 바다가 되고 싶다.

이야기 가득한 증도를 뒤로하고 '그리움이 없는 사람은 압해도를 볼 수 없네.'라고 노래한 노향림의 시비가 있는 압해도로 향한다. 노랗게 익어가는 벼논에도, 바둑판 소금밭에도 10월의 햇살이 하얗게 부서진다. 어린 시절 목포에서 자란 노향림 시인은 압해도에 일을 나간 엄마를 기다리며 그리움을 달랜 60편의 시가 유명하다. 바닷가 주차장 가까이 '압해도' 시비가 가로로 길게 누워있다. "가자, 언제나 그리운 압해도로 가자"라고 한 시인의 그리움이 해풍에 실려 온 갯내음과 함께 밀려오는 듯하다. 압해도의 넓은 바다와 시인의 노래가 반짝이는 푸른빛이 그리움되어 오랫동안 남겠다.

회색빛 콘크리트 벽속에서 부대끼며 살아온 무거운 어깨를 느림의 미학이라는 슬로우시티에서 살며시 내려놓았다. 바람과 파도 갯벌과 별들의 자연 이야기는 기억 속에 담아두어야 할 소중한 역사가 될 것이다. 너를 찾으러 떠났지만 곧 나를 만나러 나선 여행이었다. (2014. 10. 27)

부산의 그 특별한 바다이야기

– 인어공주와 인룡공주를 찾아서

부산은 해양의 도시이다. 눈만 돌리면 해운대와 광안리 다대포 송정, 송도, 등 가까이에 해수욕장이 즐비하다. 푸른빛 바다 속에는 삶의 이야기와 역사가 펄떡거리며 살아 숨 쉰다. 끝없이 펼쳐진 넓은 바다는 바라보는 것으로도 가슴이 넓어지고 힐링이 되지만 좀 더 큰 눈으로 자세하게 보고 귀 기울이면 부산의 바다 이야기가 새롭게 펼쳐진다.

반은 사람이고 반은 물고기인 '인어'와 반은 사람이고 반은 용인 '인룡'이 부산의 바다에 자리 잡고 있다. 동쪽으로는 해운대 동백섬에 '인어 상'과 서쪽 송도 거북섬의 '인룡 상'이다. 두 인어공주를 만나러 지금 떠난다.

동백섬 주차장에서 섬을 왼쪽으로 끼고 5분정도 산책길을 걸으면 바다 쪽으로 APEC하우스가 보인다. 먼저 왼쪽 130개 돌계단을 걸어서 최치원 유적지로 오른다. 고운 최치원 동상이 양쪽으로 가지런한 동백과 함께 우리를 맞이한다. 아침햇살로 빛나는 개 잎갈 나무와 동백 잎이 초록으로 반짝이며 동상을 둘러싸고 있다. 최치원이 가야산 입산길에 이곳을 지나다가 경치가 아름다워 동백섬 벼랑의 넓은 바위에 해운대海雲臺라고 쓴 글씨가 아직도 선명하게 남아 있다. 해운대란 명칭도 여기에서 유래되었다. 신라시대 문인 최치원의 숨결이 바다와 구름 속으로 조용히 내려앉는다.

계단을 내려오면 산책길아래 다시 APEC하우스다. 2005년에 있었던 아시아태평양 경제협력체 정상회담을 치루기 위해서 만들어진 회의장이다.

해운대 인어상

해운대 바다와 광안대교, 동백섬이 어우러진 멋진 풍광이며 디자인은 한국 전통 건축인 정자를 현대식으로 표현한 건축물이다. 회의장 앞 암갈색 낮은 바위에 부딪히는 하얀 파도에는 싱그러운 바다향이 실려 들어온다. 바다 향, 그 속에서 희망을 건져 올리는 해녀들의 힘찬 물질에 가슴이 뭉클하다. 검은색 물갈퀴가 수면위로 바쁘게 오르락내리락 한다. 오랜만에 보는 해녀들의 물질이다. 오늘을 사는 현대인들에게 설렘과 도전을 가르치는 거대한 삶의 원천이 되겠다.

회의장 옆 하얀 등대를 뒤로하고 해안가 산책로인 나무테크 계단을 10분정도 오르내리다 보면 인어 상을 만난다. 갯바위 위에 청동으로 만들어진 인어 상은 오른손에 수정 구슬을 들고 다소곳이 앉아서 깊은 바다를 주시하고 있다.

인어상은 1974년 처음으로 설치되었는데 1987년 태풍 셀마에 유실되어서 현재 상체 부분만 부산박물관에 보관중이다. 1989년, 높이 2.5미터 무게 4톤의 청동좌상 인어 상을 새로 제작한 것이 현재 인어 상이다.

황옥공주의 전설을 간직한 해운대 인어 상

해운대 해수욕장을 바라보는 인어 상에는 애틋한 설화가 전해지고 있다.

먼 옛날 인어나라 '나란다국'의 황옥공주가 해운대 '무궁나라' 은혜 왕에게 시집을 왔다. 공주는 고국이 너무 그리워 보름달이 뜨는 밤이면 바다로 나와 황옥에 비친 '나란다'를 보며 그리움을 달랬다고 한다. 황옥공주는 인도 아유타국의 공주로, 대가야국 김수로왕의 왕비 '허황후'라고 보는 향토 사학자들도 있다.

고려시대 일연스님이 기록한 『삼국유사』에 따르면 가락국 시조 김수로왕은 인도 아유타국의 공주인 '허황옥'을 아내로 맞게 된다. 이 황옥공주는 바닷길 2만5천리를 건너 서기 48년쯤 해운대에 도착한다. 이를 지켜보던 당시 사람들은 허황옥을 서양의 인어공주와 유사한 형상으로 기억했다고 한다. 사학자들은 '황옥공주'가 단순한 설화가 아닌 동서 문명교류의 증거로 학술적 가치가 높다고 보고 있다.

인어 상에서 나무계단을 내려와 해운대 백사장을 걸어본다. 영화에서 보는 로빈 후드의 긴 활처럼 완만한 곡선을 이루는 백사장이 뒤편의 마천루와 어우러져 도회의 세련된 아름다움으로 다시 살아난다.

송도 거북섬에서 인룡을 만나다

잔잔한 기다림이 있는 곳 부산시 서구 암남동 송도에 도착했다. 송도에는 마치 용궁으로 향하는 듯한 나지막한 다리가 바다

송도 인룡상

위에 놓여 있다.

이야기가 있는 거북 섬으로 안내하는 다리다. 바닷속을 거니는 착각에 빠지며 잠시 걷다보면 무병장수를 기원하는 거북머리 형태의 장수굴이 나타난다. 거북동굴이다. 동굴 벽에는 거북과 장수에 관한 사진과 글들이 전시되어 있다. 동굴을 빠져 나오면 바로 바위섬이다. 젊은 어부와 인룡 동상이 손짓을 한다. 인룡 상은 상반신은 사람, 하반신은 용이다. 반인반룡伴人伴龍의 모습으로 왼손에 여의주를 들고 있다. 용의 꼬리는 하늘을 향해 빛을 발하는 듯 날쌔고 힘차다. 인룡 공주를 마주보고 서 있는 젊은 어부는 190센티 정도의 큰 키에 체격도 건장하다. 맨발 옆 작은 바구니에는 몇 마리 생선이 유리뚜껑 속으로 보인다. 하얀 비늘은 어부의 마음처럼 인룡을 향하고 있다. 이들은 얼마간의 거리를 두고 서로를 향해 간절하게 손을 뻗고 있는데 눈빛은 서로에 대한 간절함이 녹아내리고 있다.

동상 주변에는 재복과 자손번창을 상징하는 아기거북 다복이와 다산이의 조형물과 두 개의 하얀 거북 알 모형이 눈길을 끈다. 거북 알 모형은 쉴 수 있는 의자를 만들어 '사랑이', '행복이'라는 제목을 붙여놓고 사랑을 나누는 연인들의 풋풋한 호기심을 자극한다. 거북섬에서 사랑을 고백하면 꼭 이루어지며 오래도록 행복하게 살아간다는 의미 있는 글귀가 예사롭지 않다.

송도 거북섬, 어부와 인룡의 사랑 이야기

옛날 송도에 효성이 지극한 어부가 살고 있었다. 어느 날 어부는 바다에 고기잡이를 나갔다가 큰 풍랑을 만나 근처 용궁에 피신을 했다. 어부는 그 곳에서 온몸에 상처를 입고 쓰러져 있는 여인을 발견하고 물속의 온갖 약초를 캐어와 지극정성으로 치료를 해주었다. 깨어난 여인은 자신이 용왕의 딸로 바다를 지키는 용인데, 어부들에게 악행을 일삼는 바다 괴물과 싸우다 상처를 입은 것이라고 했다.

그렇게 공주는 생명의 은인인 어부와 사랑을 하게 되어 행복한 시간을 보내게 되었다. 어부와 혼인하고 싶었던 공주는 온전한 사람이 되기 위해 용궁에서 정성을 다해 천일기도를 하였다. 그러나 마지막 기도일, 둘의 사랑을 시기한 바다 괴물이 공주의 천일기도를 방해하였다. 이 사실을 알게 된 어부는 마을 사람들과 바다로 나가 괴물을 물리쳤지만 깊은 상처를 입고 바다의 혼이 되고 말았다. 공주 또한 온전한 인간이 되지 못하고 반은 사람이고 반은 용인 '인룡'人龍이 되었다. 용왕은 이를 안타깝게 여겨 어부에게 거북바위를 만들어 인룡과 이곳에서 영원히 함께 있게 하였다. 또한 거북 섬을 찾는 사람들에게 장수복長壽福과 재복財福을 주고 사랑하는 남녀가 함께 오면 그 사랑을 이루게 해준다는 이야기가 있는 거북섬이다.

깨끗하고 조용한 송도 바다에 사랑의 이야기, 생명의 이야기가 움트고 있다. 사랑을 이루게 해준다는 스토리를 담고 있는 송도바다 거북 섬에 희망이 꿈틀거린다.

해운대와 송도의 특별한 바다 이야기는 부산의 해양성과 개방성을 살려내며 시대의 다양성을 수용하는 대한민국의 끝자락이자 역동이 넘치는 또 하나의 시작이다.

거북섬과 동백섬, 인룡과 인어, 여의주와 수정구슬, 토속성과 이국성이 서로 대비되면서 재미있는 이야기로 이어지는 스토리텔링의 이색명소이다. 시와 노래 영화와 낭만, 사랑과 그리움의 이야기가 담겨있는 부산의 바다는 해양문화의 메카가 될 것이다. (2015. 1. 12)

오대산의 가을

꽃이 피었다. 10월의 꽃은 빨갛게 노랗게 마음자락까지 향기롭게 물들인다. 알록달록 단풍의 물결에 산길을 걷고 있는 너도 단풍이고 나도 단풍이다.

강원도 평창군 진부면, 산자락이 다섯 개로 크게 솟아있는 천년의 숲 오대산 월정사로 들어선다. 달을 품은 절 월정사는 중국 산서성 오대산의 태화지에서 문수보살을 친견한 자장율사에 의해, 신라 선덕여왕 12년(643)에 창건되었다. 신라 때부터 지금까지 1400여년의 역사를 간직한 오래된 사찰이다.

계곡에 놓인 하얀 다리를 건너서 오른쪽으로 500미터쯤 걸어가면 '난다나'라는 자연카페가 있다. 하늘이 지붕이다. 물소리가 숲이 되고 물속에서 숲이 자라는 곳이다. 사람도 꽃이 되어 꽃물

결로 흐른다.

흔하지 않는 카페이름에 사뭇 호기심이 들썩인다. 일본어에서, 다음에 할 말이 잘 떠오르지 않으면 '이를테면', '말하자면'의 의미로 사용되는 '난다나'가 아니고 불가에서 말하는 '하늘지붕'을 일컫는 말이다. 산스크리트어로는 '기쁨의 장소'이다. 이 기쁨의 장소에서 사단법인 부산여성문학인협회 회원들은 하늘의 단풍을 머리에 이고 가을이 익어가는 소리를 모아 시 낭송의 한 때를 '난다나'에 새긴다. 계곡에 떠내려 온 아기 손 단풍도 시와 함께 춤춘다.

<오대산문화축전>이 열리고 있는 오늘 저녁은 산사음악회가 있는 날이다. 음악회에 억지로 맞추지 않았던 일정인데 덤으로 얻은 횡재다. 깊은 산중의 사찰 마당은 많은 관람객들로 붐빈다. 줄지어 놓은 플라스틱 의자에 인파가 가득하다. 가수 이상은이 노래를 부를 때 왼쪽 높다란 까만 산에서 반쯤 눈을

오대산 전나무 숲

뜬 노란달이 하얀빛을 잠시 비추고 살며시 내려간다. 저렇게 선명하고 맑은 달의 빛은 처음이다. 높아서 더 맑고 어두워서 더욱 빛난다. 월정사의 밤은 이렇게 달을 품어 안고 깊어간다. 인도 명상음악과 전통 타악, 재즈의 만남도 색다르다. 몽골 전통악기 마두금과 따블라는 부드러우면서도 깊은 매력의 소리로 남는다.

드디어 '맨발의 디바' 가수 이은미가 무대로 등장한다. 숨을 죽이다가 환호하면서 그녀의 열정을 보는 것만으로도 에너지가 솟는다. 얼굴표정으로, 몸짓으로 소통하는 그녀와 함께 속 시원한 산사의 밤을 즐긴다. 관객을 위해 나를 온전히 내어주는 진정한 모습은 모두에게 울림이 되었을 것이다.

보석 빛 아침햇살을 받으며 다시 '난다나' 원목마루에 앉았다. 오대산에서 시작된 오대천 계곡물 소리가 나지막한 노래로 시를 읊조리고, 그 속에는 푸른 하늘이 그대로 흘러내린다. 등 굽은 작은 다람쥐는 아침부터 부지런하고, 오래된 고목의 잎들은 고요한 바람 속에 연노랑 손바닥을 비빈다. 고요 속에 작은 움직임이 상쾌하다. 바쁜 일상을 벗어놓고 산을 보고 물을 보고 바람을 만지면서 지친 내 어깨를 다독인다.

짐을 챙겨서 월정사에서 가까운 상원사로 향한다. 상원사는 조선의 세조임금과 인연이 깊은 곳이다. 사찰로 향하는 입구 왼쪽에는 비석과도 같은 석물石物이 자리하고 있다. 관대 걸이라고 한다. 세조가 목욕을 할 때 여기에 옷을 걸어 두었다는 것이다.

세조와 관대걸이와 문수동자의 설화가 있다. 세조는 세종의 둘째 아들로 1425년 문종이 어린 조카 단종에게 왕위를 넘기고 죽자 단종을 몰아 낸 후 왕위에 오른다. 어느 날 밤 꿈에 단종의 어머니가 나타나서 세조의 얼굴에 침을 뱉었는데 그 자리에 종기가 나서 퍼지면서 고쳐지지를 않자 불공을 드리게 되었다. 하루는 세조가 상원사 아래 계곡에서 목욕을 하는데 한 동자가 나타나서 등을 밀어주었다. 동자의 손이 닿는 곳마다 점점 시원해지더니 가려움증이 훨씬 좋아졌고 피부병은 씻은 듯이 나았다. 그 후 자기의 병을 고쳐준 동자가 문수보살의 화신임을 깨닫게 되었다. 세조는 이름난 화공을 불러 자신이 보았던 문수동자를 설명하여 동자 상을 그렸는데 모두 마음에 들지 않았다. 하루는

월정사 8각 9층 석탑

허름한 스님이 찾아와 그림을 그렸다. 완성한 그림을 보니 목욕할 때 보았던 그 동자가 틀림없었다. 그림을 상원사에 두었다는데 그 그림은 없고 지금은 문수동자 상이 안치되어 있다.

오대산은 계곡처럼 차곡차곡 주름 잡혀 감춰진 설화가 1400개쯤의 나이테로 간직하고 역사로 설명해 주고 있다. 일년생 풀에는 나이테가 없다. 10년 된 나무는 10개, 100년 된 나무는 100개의 나이테를 가지고 있다. 나이테는 세월이다. 풍상이며 역사이며 사연이다. 아름드리 굵기의 나무는 그만큼의 사연을 가지고 있고 고목이 된 나무는 구부러진 가지를 닮은 곡절이 있을 것이다. 사람 또한 살아온 무게만큼 인생의 나이테를 아름아름 안고 걸어가고 있다.

명상과 생명, 역사가 살아 숨 쉬는 치유의 오대산 천년 숲은 푸른빛 하늘아래 제 몸을 마음껏 불태우고 있다. 우리는 언제 저렇게 마음 놓고 뜨거워 본적이 있었는가. 10월의 타는 꽃은 나를 다시 철들게 한다. 자연이 익어가고 사람도 익어가는 아름다운 계절이다. (2015. 10. 30)

우리동네 전통시장

– 부산 북구 구포시장을 찾아서

쌀쌀한 찬 공기를 마시며 5일장이 열리는 그곳을 찾았다. 부산광역시 북구 구포동에 위치한 구포시장이다. 낙동강과 바다의 수산물이 집결되는 대규모 시장인 구포시장은 예로부터 농수산물의 집산지로 유명하며 400년 전통을 자랑하는 부산지역의 대표적인 재래시장이다. 오랜 전통을 가지고 있는 시장이니만큼 한 곳에서 30년 이상 장사를 하는 상인들도 많다. 구포시장은 상설시장과 5일장이 함께 열리는 도심 속 5일장으로 이름나 있다. 매달 3일과 8일 13일 18일 23일 28에 5일장이 열린다. 장날이면 김해, 양산, 밀양, 창원뿐만 아니라 멀리 경북, 전남 지역 상인들도 모여든다. 평균 4만 여명이 넘는 이용객으로 시장 내부는 발 디딜 틈이 없고 옆 사람과 어깨를 부딪치며 5일장을 보며 평일에도 많은 사람들로 북적인다.

1
GATE
구포시장
GUPO MARKET
진입금지
10:00~22:00
일번가길
구포시장
약국
약
구포
구포
시장

구포시장은 경부선 기차를 이용할 수 있는 구포역과 부산도시철도 3호선 구포역, 2호선 덕천역이 인근에 있고 시장 가까이 시내버스 노선이 많아서 이용에 많은 도움이 된다.

구포시장은 6개의 전문특성화 골목으로 구분되어 있다. 채소 및 과일 골목, 수산물 골목, 의류 골목, 약재 골목, 먹거리 골목, 가축시장 골목이 있으며, 시장의 입구라고도 할 수 있는 1번 게이트를 기준으로 오른쪽으로는 약재 골목이 있고 왼쪽으로는 먹거리 골목이 있다.

먼저 '정이 있는 구포시장'이라는 큰 글씨로 사람을 불러 모으는 골목으로 발길을 옮겼다. 3일 장날이라서 평소보다 사람들이 북적인다. 천정에는 비바람이나 눈을 피할 수 있도록 안전한 아케이드를 만들어서 아늑하다. 현대식 시장으로 발 돋음 하며 대형마트에 밀리지 않으려는 상인들의 노력이 엿보인다. 간판은 여느 집이나 똑같은 규격인 사각형으로 붙어있고 동그란 입간판의 상호는 각 상점의 개성을 나타내면서도 정돈된 느낌이 든다. 새해라서 그런지 간판위의 시설물에 태극기가 질서정연하게 펄럭이는 것이 매우 인상적이다.

가판대 위의 소쿠리에서 손님을 기다리는 맑고 투명한 눈의 고등어가 발길을 멈추게 한다. 대형마트 유리문을 통해서 보던 고등어와는 사뭇 다르다. 얼음깔개 위에 힘없이 누워있던 고등어를 어쩔 수 없이 골라야 했던 갈등을 완전히 씻을 것 같다.

"어서 오이소. 싱싱한 고등어 골라보이소. 잘해 줍니더 이모~" 멈춰서는 나에게 주인아주머니는 구수하게 말을 걸어온다. 웃음으로 인사를 주고받으며 소쿠리마다 올라온 생선들과 눈 맞추기에 바쁘다. 등이 푸르고 은빛 윤이 나며 눈알이 맑은 탱탱한 그것들을 한소쿠리 골랐다. 한소쿠리(큰 것 두 마리)에 5000원이다. 이만하면 가격도 착하고 싱싱함을 얻었으니 횡재한 기분에 마음이 훈훈하다.

먹자골목에는 떡집, 횟집, 국밥집 등 다양한 먹거리가 즐비해 있다. 사이 골목에는 꽃가게, 옷가게, 이불가게, 그릇가게 등 여느 시장에서도 볼 수 있는 잡화가게가 자리하고 있다. 골목마다 왁자지껄 물건 값 흥정하느라고 분주하다. 잡화가게 골목을 빠져 나오면 가축골목이 눈에 보인다. 구포시장하면 가축거리가 유명한 곳이다. 때문에 시장을 오면 둘러볼 만한 곳이다. 여름에는 사람들이 많이 붐비는 거리였는데 계절을 타는지 가게마다 창살에 갇힌 개와 닭들만 멍하니 지나가는 사람을 쳐다본다. 개 닭 보듯 한다는 말이 이럴 때 사용되지 않을까. 양지바른 곳 한 켠에 집에서 기르다 팔러나온 강아지 몇 마리가 종이 상자 안에서 서로 달라붙어 재롱을 부린다. 그들의 미래는 알 수 없지만 그냥 못 지나가고 휴대폰 카메라를 들이대니 주인은 모델료를 받아야 한다며 재치 있는 유머를 날린다. 강돌이 강순이가 가축골목의 온기를 보태준다.

1번 게이트 옛날과자 가게를 지나다 보면 전국적으로 소개된 '이원화 구포국시'집이 있다. 한국전쟁 시절 피난민들이 저렴하고 편하게 먹을 수 있어서 인기가 있었다고 한다. 그 유래가 지금까지 이어오고 있다. 출출해진 배도 달래볼 겸 가게를 찾으니 가게 앞에는 상자마다 구포건국수를 진열해 놓고 주문을 받고 있다. 안에는 벌써 손님들로 빈자리가 없다. 급히 일어서는 손님다음에 얼른 자리를 정하고 따뜻한 국수를 주문했다. 노란 양은그릇에 면발이 쫄깃한 국수가 구수한 육수냄새를 풍기며 얼른 식탁위에 올라온다. 언제나 면만 건져먹고 국물은 남기는데 이집에서는 국물을 끝까지 마신다. 열다섯 가지 국산재료로 맛을 내는 육수라서 구수한 국물에 쫄깃한 감칠맛이 더해져 다시 찾을 수 있는 맛이다. 국수 결마다 은은하게 밴 육수가 촉촉하다. 매월 11일은 '국시데이'라고 정해놓고 33인을 추첨해서 무료식사권을 제공한다고 한다. 계산을 하고나면 흰 머리 넉넉한 주인아저씨는 언제나 빳빳한 새 지폐를 준비해서 거스름돈을 챙겨주는 에티켓은 구포국시를 기억하는데 한 몫 한다.

마트의 전자저울에는 오차 범위가 없다. 기계적으로 계산하고 사무적으로 일을 마친다. 전통시장은 왁자지껄 사람냄새와 정이 덤으로 묻어난다. 살아있음을 피부로 느끼는 곳이다. 구포시장은 규모나 친절 전통 면에서 대형마트에 밀리지 않는 매력적인 시장이며 현대화와 개폐식 아케이드 지붕으로 쇼핑환경도 쾌적하다. 추운 날씨에도 후끈후끈한 상인들의 에너지에서 신선한 활력을 받아왔다. (2016. 1. 11)

진주 한국 시조문학관 탐방

– 김정희 관장님을 만나다

유월의 장맛비가 세차게 내리던 날이다. 부산여성문학 창작아카데미 회원들은 진주에 있는 한국시조문학관으로 향했다. '새벼리 농원'이라는 입간판을 따라 언덕을 오르니 아주 넓은 초록 농원이 펼쳐졌다. 농원 속에 자리 잡은 문학관은 굵은 빗줄기를 들이 마시며 조용히 숨 쉬고 있다.

<시조, 남강을 노래하다>라고 현수막을 두른 '보문 산방'으로 안내되었다. 황토와 나무로 집을 지어 그윽한 나무 향과 친근한 흙 내음이 조화롭다. 천정은 아주 높다. 우물 정(井)으로도 보이고, 밭전(田)으로 읽을 수 있는 무늬가 이색적이다. 자료실에는 향토문학이 전시되어 있고 창작실과 세미나를 할 수 있는 공간도 마련되어 있다.

일행을 맞이하는 김정희 관장님은 단아하고 건강해서 83세의

연세로 보이질 않는다. 우산을 받쳐 들고 나와서 일일이 악수하며 맑은 미소로 인사하는 모습에서 문인의 고고한 숨결이 전해진다. 진주문학인회 회장이신 손정란 선생님과 직전회장이신 조계자 선생님께서도 함께 자리해 주셨다. 선배를 예우하는 후배 문인들의 끈끈하고 따뜻한 문우 애와 정이 살갑다. 사단법인 부산여성문학인회를 창립하신 정영자 이사장님의 여성문학 발전의 기여와, 김정희 관장님의 문학에 대한 열정적인 나눔 활동은 담소 가운데에서 빛과 소금의 가치로 더욱 빛났다.

한국 시조문학관 〈보문산방〉

한국시조문학관은 2013년에 전국에서 처음으로 만들어졌다. 김정희 관장님이 80세 되던 해에 개관하였다. 문학관 내에는 2만 여권의 책이 소장돼 있으며 농장 안에 3채의 기와로 만든 집이 자리하고 있다. 들어가며 처음 볼 수 있는 건물이 보문산방寶文山房이다. 여기에는 향토문학 전시와 창작실이 겸비 되어있다. 하루를 쉬어갈 수 있는 공간과 차와 함께 담소 나누는 분위기로도 연출 할 수 있도록 다용도 장으로 설계되어있다. 다음 건물은 시경루時境樓이다. 시경루에는 현대 시조집과 문인들의 육필이 전시되어 있다. 김정희 시인이 문인으로부터 받은 친필 편지가 보관 되어 있는 곳이다. 특히 법정스님이 김정희 시인에게 보냈던 친필 편지는 커다란 글씨가 살아서 움직이는 듯 시원스럽다. 이영도 시인이 보낸 편지는 원고지를 세로로 사용하여 써내려간 오래된 글씨가 정다워 시인을 만나는 듯 했다. 1000여 편이 되는 육필 편지를 하나하나 들추어내며 설명하는 김 시인은 그 때의 기억들로 얼굴이 발그레 피어오른다. 직접 받은 육필편지가 기록으로 남아서 살아있는 역사를 만들어 간다.

약간 비스듬한 길을 걸어 내려가면 오른쪽에는 수류화개水流花開라는 건물이 있다. 문 앞에는 남강을 노래하는 깃발시화가 비에 젖어 더욱 뚜렷하고 문안에는 향가와 별곡, 고시조가 전시되어 있다. 김 시인의 남편이자 문학관 대표이신 김상철 경남과학기술대학교 명예총장님 소개도 되어있는 곳이다.

이렇듯 향토 문학을 감상하고 현대시조와 고시조는 물론 문학인들의 자료를 보존하며 전시해 놓은 전국 최초의 시조문학관이다. 문학의 향으로 서정에 젖어 더 높은 정신세계에서 머무를 수 있는 시 공간이었다.

일본 오사카에서 태어났던 김정희 관장님은 마산에서 성장했고, 1975년『시조문학』으로 문단에 데뷔했으며, 등단한지 41년이 되었다. 한국시조시인협회 부회장, 진주문인협회 회장 등을 역임했다. 시집으로『소심』,『산여울 물여울』,『빈 잔에 고인 앙금』,『풀꽃은유』,『녹두꽃 진 자리에』,『세한도 속에는』,『연못에서 만난 바람』,『물위에 뜬 판화』 등이 있으며 수필집『아픔으로 피는 꽃』,『차 한 잔의 명상』 등이 있다.

이만 평 되는 넓은 농원에는 잎차가 자라고, 배 밭에는 하얀 종이로 온몸을 둘러싼 배들이 초록 잎에 매달려 있다. 노랗게 익은 매실은 풀잎위에 떨어져 한가롭게 구르고 낮은 밭에는 고추와 가지가 빗물을 마시며 속살을 찌우고 있다.

이렇게 넓고 비옥한 개인 농원에 문학관을 지어 후대 문인들에게 사색의 장으로, 열정의 공간으로 내어 주시는 김정희 관장님의 나눔의 정신은 각박한 오늘을 사는 현대인의 생각으로는 실천하기 어려운 부분이다. 문학관을 찾는 단체나 개인에게 녹차 잎을 따서 차로 만들어 가는 것, 하루 숙박과 한 끼의 식사도 대접한다는 말씀에 저절로 고개가 숙여진다.

꽃들은 이울기에 더 없이 아름답고
목숨은 사라지기에 더 없이 소중하다
살아서 숨 쉬는 지금 우리 함께 좋은 날

- 김정희의 <좋은 날> 전문

문학관을 찾은 회원들에게 맛 집을 찾아서 점심을 챙겨주시는 김정희 관장님이다. <좋은 날> 시처럼 언제나 좋은 날로 오늘을 살아가는, 마음 밭이 아름다우신 분으로 기억 될 것이다.

(2016. 6. 29)

일본 그곳으로

한해가 며칠 남지 않았다. 특별히 다사다난했던 올해(2015년)다. 중동호흡기증후군 '메르스'가 전 국민을 힘들게 했고 개인적으로는 바쁜 가운데 부산여성문학인협회 사무국 일을 챙겼다. 꿋꿋하게 견딘 나에게 선물을 하고 새로운 내일과 만나고 싶어서 가까운 일본여행을 계획했다. 오랜만에 남편과 함께 오사카 간사이공항으로 날았다.

청수사 가는 길

간사이공항에서 JR선 기차를 타고 교토로 향한다. 간사이지방의 교토, 오사카, 나라를 둘러보는 일정이다. 남쪽으로 우지강이 흐르고 삼면이 산으로 둘러싸인 교토는 역사의 고도古都이며 한국의 경주와 비슷하다. 옛 일본 수도로서의 과거의 시간을 간직한 교토는 도시 전체가 나지막한 일층 혹은 이층으로 된 기와집이다. 짐을 호텔에 풀고 일본어 대화가 가능한 남편의 손을 꼭 잡고 걸어서 청수사로 향한다. 겨울인데도 많은 인파가 움직인다. 기모노를 입고 게다를 신고 조신하게 걷고 있는 여인들이 많이 보인다. 현지인이 아니고 외국인들이 일본 전통 옷 체험을 한다고 한다. 대화하는 것을 들어보니 중국 관광객들이다. 여성만이 아니라 남성들도 전통 옷을 입고 다니는 사람들이 보인다. 잠시 한국의 경주를 떠올려봤다. 경주에는 제한된 공간에서 한복을 입고 사진을 찍는 장면은 봤는데 빌려서 입고 거리를 체험하는 것은 본적이 없다. 관광객들을 상대로 전통 옷을 빌려주고 그 나라의 문화를 체험 하는 것도 좋은 관광 상품이 되겠다는

청수사

생각이 든다. 골목 오르막길에 다다르자 멀리 청수사 건물이 보이기 시작한다. 청수사는 높은 절벽에 못을 사용하지 않고 130여개의 나무기둥을 세워 건설한 사찰이며 유네스코 세계문화유산에 등재된 곳이다. 지붕의 비율이 너무 크고 둔탁해 보여 조형미는 좀 어색하지만 웅장해 보인다. 사찰인데 승려는 찾아볼 수가 없고 경내에는 좋은 인연을 바라는 이름의 교토 지주신사가 있다. 연정의 석(사랑의 점을 쳐주는 돌)이 있어 돌을 만지며 기원도 하고, 눈감고 양쪽의 돌까지 무사히 도착하면 사랑이 이루어진다는 설이 있어 연인들이 북적인다. 또 부적 같은 종이를 사서 읽어보고 내용이 좋지 않으면 나무에 주렁주렁 매달아 두기도 한다. 일본은 신神의 나라다. 신사마다 수천 종류의 신들이 모셔지고 있다. 인간이 감당할 수 없는 자연재해와 건강한 앞날을 잡신에게 의지하는 일본인들의 마음을 들여다 볼 수 있다.

사찰아래에는 장수, 건강, 학문의 이치라고 하는 세 줄기 물을 받아 마시는 곳이 있다. 길게 줄서서 각자가 원하는 것을 염원하며 물을 들이키는 모습들이 진지하다.

은색 모래예술이 빛나는 은각사와 도톤보리

이튿날, 이른 아침 시내버스를 타고 은각사로 향했다. 대중교통을 이용해도 외국인이라고 어리둥절하지 않아도 된다. 버스앞

면에 노선도와 정류장을 실시간 영상으로 보여주니 목적지를 보고 제때에 내리면 된다. 부산에는 넓은 화면에 현재 시각만 알려주는 기능만 작동하고 있는데 안타까운 마음이 든다. 이른 시간이라 문을 열지 않아서 고즈넉한 동네를 이리저리 둘러본다. 좁은 골목길에 오래된 나지막한 주택들이 깨끗하다. 승용차는 골목에 한 대도 없고 공동으로 마련한 주차장에 질서 있게 주차되어있다. 우리나라의 복잡한 골목주차가 머리를 스친다. 이윽고 은각사 문이 열리면서 첫 번째로 입장했다. 겨울아침의 반가운 햇살이 어깨위에 내려앉고 초록정원이 눈앞에 펼쳐진다. 정원마당에는 하얀 모래로 무늬가 만들어져있다. 이것을 일본어로 '카레산스이'라고 한다. 긴 싸리 빗자루를 이용해서 무늬를 만들고 사람 손으로 정성을 들이는 것을 보았다. 아침마다 관광객을 위해 재정비한다고 한다. 마당을 쓰는 빗자루가 귀한 예술도구로 변모하고 밀짚모자와 청색제복 차림의 아저씨 손끝에서 일본특유의 조경양식이 만들어지고 있다. 겨울의 초록정원과 은색모래의 예술은 교토를 기억하는 훌륭한 작품이 될 것 같다.

걸음을 재촉하여 지하철을 타고 오사카 성으로 이동한다. 임진왜란을 일으킨 도요토미 히데요시가 일본을 평정한 뒤 지은 오사카 성이다. 우리역사에 그다지 유쾌한 곳은 아니다. 하지만 지나간 역사의 현장은 지금 우리의 마음을 다잡는 기회이기도 하기에 곳곳이 둘러보아야 할 것이다. 오사카성은 20여 미터 높이의 가파른 성벽과 내·외곽의 2중 해자垓子로 둘러싸여 있다. 외곽은 '소토보리外堀', 내곽은 '우치보리内堀'라고 불리는 오사카성의 2중 해자는 유사시에 적군의 공격을 지연·저지·방해하는 인공장애물이다. 천수각 기와는 금박장식을 붙여서 그 특별함과 위용을 과시하고 있다. 어둠이 내려앉자 사방에서 조명을 비추어 어느 곳에서 보더라도 야경이 아름다운 오사카성이다.

다음은 불빛이 요란한 오사카 도톤보리로 발걸음을 옮긴다. 여유 있게 여행일정을 잡았는데 강행군이다. 도시를 가로질러 강이 흐른다. 강위에 뜬 유람선을 타고 오사카의 밤을 향유한다. 형형색색 불빛들이 강물 위를 달리고 도톤보리의 밤은 후끈 달아오른다. 거리마다 쏟아져 나오는 인파들이 대단하다.

은각사

팔을 동동 걷어 부치고 꼬치를 튀기고 타코야키를 데굴데굴 굴리는 장인들의 모습을 쉽게 찾아 볼 수 있다. 열과 성을 다해 일하는 일본 일꾼들의 모습이 알 수 없는 에너지를 안겨 준다. 활기가 넘치는 곳이다. 인기 있는 일본라면 가게는 줄이 엄청나게 길어서 아쉽지만 일찍 포기했다. 대신 오사카의 밤거리 좌판에 여유 있게 앉아서 이곳의 명물인 타코야키를 한 개씩 입안으로 나르며 일본손님들의 입담을 귀동냥한다.

오사카 항 그리고 마을온천

비오는 아침, 일찍부터 부지런을 떤다. 출근길 복잡한 전철을 타고 오사카 항으로 출발한다. 일본의 출근문화를 경험한다. 모두 바쁜 기색이지만 조용하다. 환승하는 거리가 무지하게 길고 이리저리 방향이 갈라져 있어 복잡하다. 오사카 항 직원들보다 여행객이 일찍 출근했다. 비 내리는 바다위에 푸르게 일렁이는 작은 배들을 헤아리며 해양도시 부산의 바다를 떠올리고 있다.

이윽고 산타마리아호 깃발을 단 큰 배가 우리 쪽으로 오고 있다. '산타마리아'호 관광 유람선은 콜럼버스가 신대륙 탐험에 사용한 배를 복원한 유람선이다. 지하1층 선실은 콜럼버스가 신대륙을 탐험한 지도와 그때 사용한 여러 가지 물건들의 모형이 전시되어 있고 지상 1층에는 음식점 그리고 3층에는 망망대해를 볼 수 있도록 만들어놓았다. 산타마리아와 콜럼버스 매우 이질적인 것을 상품으로 접목시켜서 관광객을 불러 모으는 일본인의 아이템을 읽을 수 있다. 바다의 중앙에 유니버셜 슈튜디오가 자리하고 있어 종합휴양시설을 갖추고 있다는 유명세만 다를 뿐 부산항의 모습이나 다름없다.

오후에는 오사카의 조용한 마을온천을 찾았다. 동네목욕탕 보다는 조금 큰 규모의 대중 온천이다. 많은 사람이 붐비는데 조용하다. 탕은 연기 같은 뿌연 김으로 가득 차 있고 대부분 나이든 사람들이 온천을 즐기고 있다. 고령화 국가의 현실을 아주 가까이서 경험하고 있다. 샴푸와 린스 목욕비누는 가지런히 통에 담겨있고 목욕을 끝낸 사람은 대야를 깨끗이 씻어서 엎어놓는다. 그 자리에는 다음 사람이 몸을 씻을 수 있다. 설명이 없어도 말이 안통해도 따라 할 수 있어서 마음이 편하다. 한국의 대중탕을 운영하는 사람들과 이용객들이 배울 점이다. 노천탕으로 이동하여 가까운 나라, 이국의 하늘을 바라보며 따뜻한 물에서 여독을 푼다. 작은 물줄기 따라 은은한 음악이 흐르고 하늘에서는 별이 내리는 아름다운 밤이다. 눈을 지그시 감고 오늘의 평안에 감사한다.

늦은 밤 화려한 오사카 번화가를 한눈으로 감상하는 오사카 스카이빌딩을 찾았다. 40층 정원에서 360도 전체를 조망할 수 있는 하늘공원이다. 시내 전체가 불빛공원으로 흐른다. 여기저기서 '와' 하는 탄성이 들린다. 모두 화려한 풍경을 카메라에 담느라고 분주하다. 놀랄 것도 아닌 것 같다. 저 장관은 어제도 있었고, 오늘도 있고, 내일도, 또 모레도 있을 것이다. 늘 곁에 있던 아름다움인데 우리들은 지나치며 살아간다. 그렇게 바삐 살면서 마음 놓고 하늘 한 번 바라보질 못했다. 매일 행복을 찾지만 행복한 일은 느끼는 자에게는 언제나 그 자리에 있었던 것이다. 오롯이 오늘 고단한 마음 내려놓으니 더 아름다운 것이리라.

나라공원 동대사에서

오늘은 한국으로 돌아가는 날이다. 호텔에서 짐을 챙겨 아침 일찍 나라 행 특급열차에 올랐다. 간사이공항으로 가는 오후시간 리무진을 예약하고 곧장 나라공원으로 향했다. 넓은 공원에 여기저기서 사슴들이 출현하고 있다. 간식용 과자를 손에 쥐고 있는 사람만 보면 줄줄이 따라붙는 모습이 신기하다. 차도에 뛰어드는 사슴도 있다. 공원주변의 도로를 운행하는 운전자들은 조심을 해야 할 것 같다. 야생 사슴들의 행선지를 아무도 모르니까. 사슴을 보면서 곧장 걷다보면 왼편에 커다란 기와지붕의 문이 보인다. 세계최대의 목조건물이며 백제의 건축양식에 가까운 사찰인 동대사이다. 나당연합에 의해 나라가 없어진 백제, 수많은 백제인들이 일본으로 건너가 일본에 불교문화를 꽃피웠다.

동대사 초대 주지스님인 로벤良弁스님도 백제출신이다. 높이가 16미터나 되는 청동불상 아래 서있는 사람들이 커다란 무게 앞에 더욱 작아 보인다.

낯선 땅에서 한국냄새가 물씬 풍기는 우리의 역사를 짚어본다. 문화는 한곳에서 머무는 식물이 아니라 동적이며 서로 교류된다는 것을 깨달으며 거대한 사슴공원을 뒤로하고 간사이공항으로 다시 달린다. 기차와 버스 택시, 지하철 등 다양한 교통수단을 통해 일본인의 일상과 문화를 더욱 가까이 체험한 이번여행에서 일상의 새로움을 담아간다. (2015. 12. 29)

부산여성문협 문학기행의 맛과 멋

초록 잎이 싱그러운 날 버스는 강원도 인제로 출발한다. 여행은 나이에 관계없이 설렘의 선물을 안겨준다. 처음 문학기행에 참여한 새내기회원도, 연륜이 지긋한 왕 선배님의 얼굴에도 어린아이와 같은 하얀 이팝 꽃 미소가 소복하다.

첫 번째 설렘

여행길에 오르면 첫 번째 설렘은 푸짐한 경매보따리의 출현이다. 정영자 이사장님이 여행 중에서 모아둔 물품이나 오랫동안 소장하고 있던 갖가지 물건들을 준비해 오신다. 오늘은 커다란 여행 가방으로 일곱 보따리다. 딸기모양 시장보자기부터 입술연지, 스카프, 티셔츠, 조끼, 가방, 이태리밀라노 명품의상, 칠기보석함, 골프신발 등 손가락이 모자라서 모두 셀 수 없다. 그야말로 없는 거 빼고는 있어야 할 것은 다 있는 경매장터다. 구수한 입담과 함께 멋진 경매사로 변신하는 이사장님은 아깝고도 귀한물건을 천원, 이 천원에 경매를 붙인다. 필요한 물건을 싼값에 경매받은 회원은 횡재한 날이라고 입이 귀에 걸린다. 그 자리에서 셔츠, 조끼를 갈아입고 만족한 몸짓을 버스 안으로 날리면 문학기행의 맛은 한층 살아난다. 2012년부터 매년 문학기행 때면 필요한 물건을 회원들이 싸게 살 수 있는 경매문화가 즐길거리 문화로 정착되어 간다. 올해는 경매해서 수입한 액수가 461,000원이다. 수입액은 모두 우리협회의 살림으로 보탠다. 귀한물품을 싼값으로 내놓으며 싸게 사는 재미와 즐거움까지 선사하는 이사장님께 감사드린다.

강의 삼매경 그리고 먹거리

열기 오른 경매장터가 식을 때쯤 우리는 머리와 가슴을 다시 가다듬는다. 한국시집박물관으로 향하기 전에 사전 지식을 쌓아야 할 것이다. <한국 현대시 100년의 흐름>이라는 주제로 이사장님의 강의가 시작된다. 1900년대부터 2000년대까지 현대시의 흐름을 간결하게 요약하여 시대적인 특성과 대표시인들의 작품을 알아가는 알짜배기 시간이다. 박인환 시인을 만나고 만해 한

백담사 돌탑 계곡

용운을 만나며 살아보지 못했던 시대를 내 앞으로 가져와 그들과 호흡한다. 이 또한 문학기행의 멋이다.

누구나 먹는 것을 생각하면 즐거워지리라. 여행지에서는 그곳의 특별한 음식을 맛보는 쏠쏠함도 기대된다. 강원도 인제를 가는 길에 충북 제천을 거치면서 제천 한우마을에서 점심을 함께 했다. 직접 기른 한우를 우리나라 어느 곳 보다도 최고의 맛과 질로 신선하고 싼 가격에 먹을 수 있었다. 부산 기장농장에서 준비해간 유기농 치마상추로 육질이 부드러운 한우 쌈을 부지런히 입속으로 나르며 회원들은 '상추와 한우의 환상적 만남이다'를 연발한다. 두 개의 사각형 노란 바구니에 가득 담았던 상추는 깨끗이 비워졌다. 가득찬 뱃심의 에너지가 기대된다. 식후에는 우리가 만든 차를 시식했다. 작은 찻잎을 두 번씩 덖고 비벼서 햇차를 만들었다. 구부렸던 잎들이 기지개를 펴면서 수줍은 향과 색으로 또르륵, 또르륵 회원들을 만난다. 시중에 판매되는 여느 차와 비교가 되지 않는다. 색은 연하면서 향은 그윽하다. 음식점 직원들이 시음해보고 너도나도 비법을 물어온다. 그것은 처음이라는 설렘 속에 정성이라는 단맛이 우러나와서 온기를 적시기 때문일 것이다.

문학관을 둘러보며

초록의 숲길에 하얗게 피어오른 아카시아 꽃잎이 반갑게 나타나자 곧 강원도 인제군 박인환 문학관이다. 시인의 동상이 녹색 잔디위에 금색 넥타이를 흩날리며 여성들의 걸음을 바쁘게 한다. 박인환 시인의 윗옷 속으로 들어가 그와 호흡을 함께 해보고 문학관으로 들어선다. 강원도 인제에서 태어나서 31세까지 문단 활동을 하다가 심장마비로 세상을 뜬 그의 문학사를 여러 가지 형태로 다양하게 전시해 놓은 곳이다. 대표작 <목마와 숙녀>, <세월이 가면>은 우울과 고독 등 도시적 서정과 시대적 고뇌를

백담사

노래하고 있어 60년이 지난 현시대를 만나는 듯하다.

버스로 약 5분정도 이동하면 2014년에 개장한 한국시집박물관이다. 우리회원들의 시집도 54권 기증한 곳이다. 입구에 들어서자 표지판에 "부산여성문인협회"환영이라는 반듯한 문구가 우리를 반갑게 맞이한다. 마음이 푸근해진다. 작은 배려에 낯선 곳도 이웃 같다. 학예부장님의 안내를 받으며 우리나라 근현대시기의 시집詩集을 체계적으로 전시해 놓은 장소로 동선을 옮긴다. 인구 3만3천명 정도의 인제군에 문학의 향기가 예사롭지 않다. 군데군데 문학관과 시집박물관, 만해마을을 조성해서 전국의 문학도와 여행객을 불러 모으는 혜안이 대단하다.

만해마을에서 여정을 풀고 '깃듸일 나무' 북카페에서 신재창 통키타 가수를 만났다. 양산통도사 서운암 '전국문학인 꽃축제'에서 시처럼 아름다운 노래를부르던 사람이다. 가까이서 보니 더 반갑다. 우리를 알아보고 그때 그 모습으로 더욱 열창한다. 세시봉을 키운 이백천 음악평론가와도 함께한 그날은 여성문인들을 음악의 숲으로 풀어놓은 열광의 밤이었다.

물소리와 새소리에 어제와 다른 새아침을 맞이한다. 울창한 숲과 계곡이 어우러진 만해마을은 작년(2014년)에 미국 LA에서 본 통나무 마을의 숲을 연상하게 한다. 우리나라도 숲을 키우고 잘 관리하면 이렇게 살아있는 자연을 만날 수 있다. 크게 숨 들이쉬며 물소리와 새소리, 숲의 기운을 온몸에 가득 담는다.

만해문학박물관은 내부수리 중이라서 문이 잠겨있다. 아쉽다. 시인이며 독립운동가인 만해의 문학세계를 눈으로 짚어볼 수 있는 기회였는데 말이다. 문 옆에 한복을 입고 아버지 같은 모습으로 서있는 만해 동상은 햇빛을 받으며 유난히 반짝인다. 노옥분, 김정 두 명의 회원이 이른 아침 거미줄과 먼지로 쌓인 만해 동상을 물수건으로 닦아내며 목욕을 시켰다고 한다. 덕분에 이곳을 지나는 모든 이들이 만해선생의 옷자락을 만져보기도 하고 손을 잡고 사진을 찍기도 한다. 우리회원의 바지런한 손길이 고마운 아침이다.

인제군의 마을버스를 타고 백담사를 찾았다. 이곳에도 만해흉상이 자리하고 있다. '님만 님이 아니라 기룬 것은 다 님이다.'라는 흉상아래 글귀가 고개를 끄덕이게 한다. 사방이 산으로 둘러 쌓여 아늑하고 고요하다. 제12대 대통령이 머물던 방도 들여다 보았다. 일국을 통치하던 대통령이 산골 작은방에 들어앉아 세월을 삼키던 흔적을 보고 시대의 아픔을 되짚어본다.

낮은 담장아래 넓은 계곡에는 정성으로 쌓아올린 작은 돌탑이 장관이다. 모양이 다른 작은 돌들이 어울리고 모여서 거대한 작품이 되었다. 돌과 사람 작은돌탑이 만나서 초록의 자연 속에 꿈틀거리는 신비한 영상이다. 1박 2일간 부산여성문협의 문학기행은 맛과 멋이 살아 숨 쉬는 어울림의 장이었다. (2015. 10. 30)

로스엔젤레스 작가의 집에서

약간의 긴장은 설렘을 동반한다. 초여름의 미국여행은 이국에서의 새로움을 만난다는 기대와 함께 '부산문학과 미주문학의 한마당 축전'이라는 큰 행사에 어깨가 살짝 무겁다.

LA에서 미주문학인과 부산여성 문학인 교류의 장으로 시극과 시 낭송 무대가 며칠 동안 이어질 계획이다. 뜻밖에도 시극연습에 동참하게 되었다. 시극은 감상만 했지 내가 어떤 역할을 해본다는 것은 전혀 생각지 못했다. 단련된 전문배우가 따로 있기 때문이다. 날짜는 다가오고 할 사람이 없으니 급하게 합류하게 되었다. 삼국유사 '헌화가'에 나오는 노인이 몰고 가는 암소 역할이다. 소는 분장만 잘하면 되고 대사는 없는 줄 알았는데 아니다. 현장의 분위기를 만들어내고 관중의 웃음을 이끌어내야 하는 중책이다. 수로부인과 순정공의 마음을 몸짓으로 표현해야하

작가의 집에서

고, 노인과 함께 호흡을 맞추며 수로부인을 향한 노인의 행동에 주인을 지키는 암소로서 중심을 잡아야 한다. 그리고 신명나는 춤판에 소발걸음으로 춤을 추는 코믹연기까지. 대본에 충실하려고 마음먹는데 말 따로 몸 따로 놀아서 한참동안 배꼽을 잡는다. 서로 어울려서 각자의 역할을 다듬고 호흡을 맞추었다. 맹연습의 날을 보내고 또 하나의 새로운 경험 앞에 호기심을 가득 안고 미국으로 날아간다.

로스엔젤레스 <작가의 집 아트홀>에 도착했다. 재미교포 김문희 시인이 운영하는 아트홀은 깨끗하고도 그의 분위기처럼 단아하다. 음식도 예술처럼 준비되어가고 곳곳에서 고국의 손님을 맞는 정성이 묻어난다. 미주문인들과 교류행사가 순서대로 진행되겠지만 먼저 무대상황을 체크했다. 마이크와 음향을 확인하고 분장을 한 다음 리허설에 몰입했다. 한국의 작은 무대에서도 시극이란 이름으로 대중 앞에 서본 적이 없는데 해외 국제무대(?)에서 공연을 한다니 숨이 탁 막혀온다. 단원들은 주어진 역할에 충실하고 실수 없이 실전에 임하자고 손을 모아 파이팅을 외치고 공연에 들어갔다. 연극을 하면서도 테이블에 앉아서 감상하는 문인들의 모습이 눈에 들어오고 신기하게도 내목소리가 들린다. 소 가면을 쓰고 마음껏 몸을 푼 덕분인가 실전에서는 긴장을 즐기면서 여유로움을 찾게 되었다.

예상대로 큰 박수를 받았다. 미주문인들은 시극은 시도해보지 않은 장르라고 하면서 굉장한 관심을 보인다. 미주문인들과 부산여성문학인들은 영상을 통해 시낭송을 주고받으며 교류와 소통을 이어나갔다.

다음날 그들이 준비한 음식을 대형차에 가득 싣고 함께 여행길에 올랐다. 음식은 한국보다 더 한국적인 요리가 대부분이다. 손수 준비한 재료로 만들었다는 것이다. 각종 조림반찬과 장아찌 김치에다 불고기까지 그들의 정성에 우리의 입은 호사를 누렸다. 요세미티 국립공원과 맘모스 레이크를 함께 여행하고 밤

요세미티 국립공원

에는 맘모스 레이크 산장에서 숲속 문학의 밤이 열렸다.

시극 '헌화가'에 이어 이번에는 산장에서 몇 시간 동안 또 다른 퍼포먼스를 준비했다. 김시습의 금오신화에 나오는 '만복사저포기'를 즉석에서 공연해야한다. 내 역할은 양생의 부인 하씨 여인 역할이다. 오체 투구한 결과인가 암소 신분에서 한 계단 올랐다. 하얀 속저고리를 입고 죽은 여인으로 분장하여 그야 말로 온 정신을 쏟았다. 살아오면서 어떤 일이 주어지면 그 일에 완전히 빠져드는 성격도 한 몫 한 샘이다. 단원들 또한 자기역할에 몰입하며 적시에 옷이며 도구를 준비하는 모습에서 '정말 프로답다'라는 말이 절로 나온다. 여행지에서 지친 모습 없이 일을 척

척 처리하는 모두가 대견하다.

자작시를 미주문인들과 서로 낭송하고 노래를 감상하며 그들의 미국생활을 들으면서 친목의 밤은 깊어간다.

이번행사를 앞장서서 준비한 김문희 시인은 LA에서 문학 활동과 함께 교육사업을 하고 있다. 지금은 예순이 넘은 나이지만 결혼하고 아이들이 어릴 때 이민생활을 시작 했다. 남의 나라에 정착해 살면서 때로는 험한 일을 하고 부당한 대우를 받을 때도 있었다고 한다. 그럴 때면 유학을 떠날 때 가난했던 조국과 부모 형제를 생각하며 꾹꾹 참았다고 하는 말에 숙연해 진다. 조그맣고 작은 체구에서 단단하고 야무진 말이 귓속을 파고들어 커다란 에너지로 가슴에 달라붙는다. 그렇다. 삶에 맺힌 고단함과 슬픔의 분신을 문학으로 풀어내면서 더 큰 오늘을 맞이했을 것이다.

미주문학인들과의 한마당 문학 잔치는 막을 내린다. 그들의 눈망울에 고국의 그리움과 현실의 고단한 삶이 투명으로 겹쳐진다. 더욱 진하게 손을 잡고 소리 높여 오늘을 기억할거라고 다짐한다. 문학의 동지로 만나서 현실의 벽을 뛰어넘고 기쁨으로 오늘을 살아가는 그들에게 힘찬 박수를 보낸다. (2014. 6. 30)

한국 수필문학의 거장 조경희

– 강화도 조경희수필문학관을 다녀와서

햇살이 초록으로 반짝이는 오후다. 부산에서 여섯 시간 이상을 버스로 달려서 강화도에 도착했다. 초록잔디에 몽실몽실 피어오른 토끼풀 하얀 꽃이 문학기행 일행을 반갑게 맞이한다. 낯선 곳에서도 자연은 언제나 다정하다.

초등학교 사회시간에 강화도의 특산물'강화도 화문석'을 열심히 외웠던 기억이 떠오른다. 몽고의 침입과 강화도 천도라는 고려 말의 역사를 배우면서 강화도를 대몽 항쟁의 땅으로 인식했다. 서구 열강의 개항 요구와 일제의 침략으로 이어지는 한말의 정세를 통해서는 강화도를 민족의 수난과 개화의 몸부림이 교차하던 격동의 현장으로 기억하게 되었다. 지나간 역사의 현장이 문화 탐방지가 되어 그 시대의 사람을 불러내어 오늘을 산다.

조경희 수필문학관 이모저모

조경희 수필문학관은 강화읍의 용흥궁 공원에 자리 잡고 있다. 고려궁지를 향해 올라가다 오른편에 있는 강화문학관 2층 건물이다. 용흥궁 공원에는 철종이 임금이 되기 전에 살았다는 용흥궁과 성공회 강화성당이 있다. 문학관 1층 전시실에서는 강화도와 인연을 맺었던 문인들을 소개하고 있다. 고려 시대 때 민족의 대문호인 이규보, 조선 시대의 정철, 정제두, 권필 등 우리 역사상 문학적 발자취를 선명하게 남긴 문인들의 삶과 작품을 접해 볼 수 있다.

2층 전시실이 '조경희 수필문학관'이다. 입구를 장식한 조경희 수필가의 캐리커처가 정겹다. 이웃집 할머니 같은 푸근한 인상을 잘 표현하고 있다. 푸근한 모습으로 방문객 카메라의 배경 친구가 되어준다. 안으로 들어서자 대표작인 <얼굴>과 <처소> 등을 소개하는 판넬과 육필 원고 등이 전시되어 있다. <얼굴>은 중학국어 책에 실린 수필이다. 또 생전에 소장했던 책들과 책상, 만년필, 시계 등을 볼 수 있는 서재도 재현해 놓았다. 전시실 한쪽에는 유명한 화가들의 그림을 기증한 미술품들도 관람할 수 있다. 평생 모은 자료들을 고향에 선뜻 내놓은 수필가의 넉넉한 마음을 읽을 수 있는 부분이다.

조경희 수필가의 삶과 문학

그는 1918년 강화군 길상읍 온수리의 성공회 집안에서 태어났다. 1939년 이화여전 문과를 졸업하고 바로 조선일보사에 입사해 재학시절인 1938년 잡지 『한글』에 수필 <측간단상>이 당선되어 등단을 했다. 그 후 『음치의 자장가』, 『웃음이 어울리는 시대』 등 10권의 수필집과 자서전을 출간했다. 1974년부터는 한국일보 논설위원으로 활동했으며, 한국여성문학인회 회장 및 한국문인협회 부이사장과 이사장 권한대행을 했고, 여성으로는 처음으로 1984년엔 한국예술문화단체총연합회(예총)의 회장이 되

어 연임까지 했다. 1988년 정무장관에 취임했는데 명쾌한 논리와 남다른 추진력을 보이면서 장관 취임 후 각 시·도의 여성 가정복지과장을 모두 국장으로 승진 발령하여 화제를 모으기도 했다. 다양한 경력의 소유자인 만큼 열정과 봉사로써 삶을 다하고 2005년 8월에 생을 마감했다. 세상을 떠날 때까지 35년간 한국수필가협회 회장으로 재임하면서 수필문학 발전과 수필가들의 지위향상에 지대한 공을 남겼다. 수필문학의 이론적 토대가 되는 국내와 해외 심포지엄을 개최했으며 수필가들의 사기진작을 위한 국내 해외 수필문학상 재정과 수필문학 강좌 및 낭독회를 열어 수필문학의 사회문화적 토양과 한국수필문학의 세계화를 위해 혼신의 힘을 기울였다. 평생 수필에 기울여온 남다른 애정을 짐작할 만하다.

조경희 수필가의 글은 솔직하면서도 명확한 문장이다. 뜻이 애매하거나 모호한 표현은 거의 쓰지 않는다. 이것은 그의 성품을 드러내는 것이기도 하지만 오랫동안 기자로 활동한 후천적 습성도 많은 영향을 끼쳤을 것이라고 생각된다.

김현주 문학평론가는 조경희 수필가의 작품 세계를 '나지막한 지성의 소리'라고 평했다. 그의 말처럼 대표작인 <얼굴>에서도 얼굴의 본질을 아름다운 마음으로 보고 이야기를 풀어낸 시각이 잘 나타나 있다. 읽는 이의 마음에 잔잔한 파문이 일게 하는 성찰의 글이다.

> "나는 일찍이 얼굴이 예쁘지 못해서 비관까지 한 적이 있었다. 여학교 일학년 때라고 생각된다. 나하고 좋아지내던 상급생 언니가 나를 통해서 알게 된 내 친구를 나보다 더 좋아하는 것을 알게 되었다.(중략) 이런 것으로 미루어 봐서 유명한 관상가가 관상은 즉 심상(心相)이라는 말을 했는지도 모른다. 얼굴의 아름답고 미운 생김새로 운명이 결정되는 것이 아니라 마음 쓰기에 달려 운명이 결정된다는 이치이리라!(중략) 자비를 목표로 삼는 종교가의 얼굴에서 무자비한 표정이 엿보였을 때 실망은 크다. 일반의 존경과 흠모의 대상이 되어야 할 지도자나 교육자의 얼굴에서 야망과 욕심이 불타는 인상을 느끼게

된다면 실망하게 된다. 최소한도 자기 이름 석 자 밑에 집 가(家)자의 글자 한 자씩을 덤으로 붙여 부르는 영예를 자랑하려면 우선 얼굴의 표정부터 고쳐야 된다."

- 조경희의 <얼굴>에서

나오며

수필 문학의 근간인 한국수필을 위해 많은 노고를 아끼지 않으신 조경희 선생님의 수필문학관을 다녀와서 글을 쓰는 사람으로서 책임감을 느낀다. 수필 문학가로 자질을 갖추기 위해서는 각 분야의 책을 많이 읽어야 한다. 발로 뛰며 많이 보고 과거를 알고 현재를 알아야 할 것이다. 큰 눈으로, 열린 가슴으로, 마음밭을 가꾸어야 한다. 글을 쓴다는 것은 끊임없이 공부를 해야 하는 것, 좋은 글은 충분한 지식이 기본으로 갖춰져 있을 때 가능한 것이라는 평범한 깨달음을 또 한 번 새긴다. (2016. 6. 2)

김경자 수필집

초록별

초판1쇄 발행 2017년 5월 15일

지은이 김경자
펴낸이 이길안
펴낸곳 세종출판사

주소 부산광역시 중구 흑교로 71번길 12 (보수동2가)
전화 463－5898, 253－2213~5
팩스 248－4880
전자우편 sjpl@chol.com
출판등록 제02-01-96

ISBN 979-11-5979-142-0 03810

정가 12,000원

이 도서의 국립중앙도서관 출판예정도서목록(CIP)은 서지정보유통지원시스템 홈페이지(http://seoji.nl.go.kr)와 국가자료공동목록시스템(http://www.nl.go.kr/kolisnet)에서 이용하실 수 있습니다. (CIP제어번호: CIP2017011169)

부산광역시 BUSAN METROPOLITAN CITY 부산문화재단 BUSAN CULTURAL FOUNDATION

본 도서는 부산광역시, 부산문화재단의 지원으로 제작되었습니다.